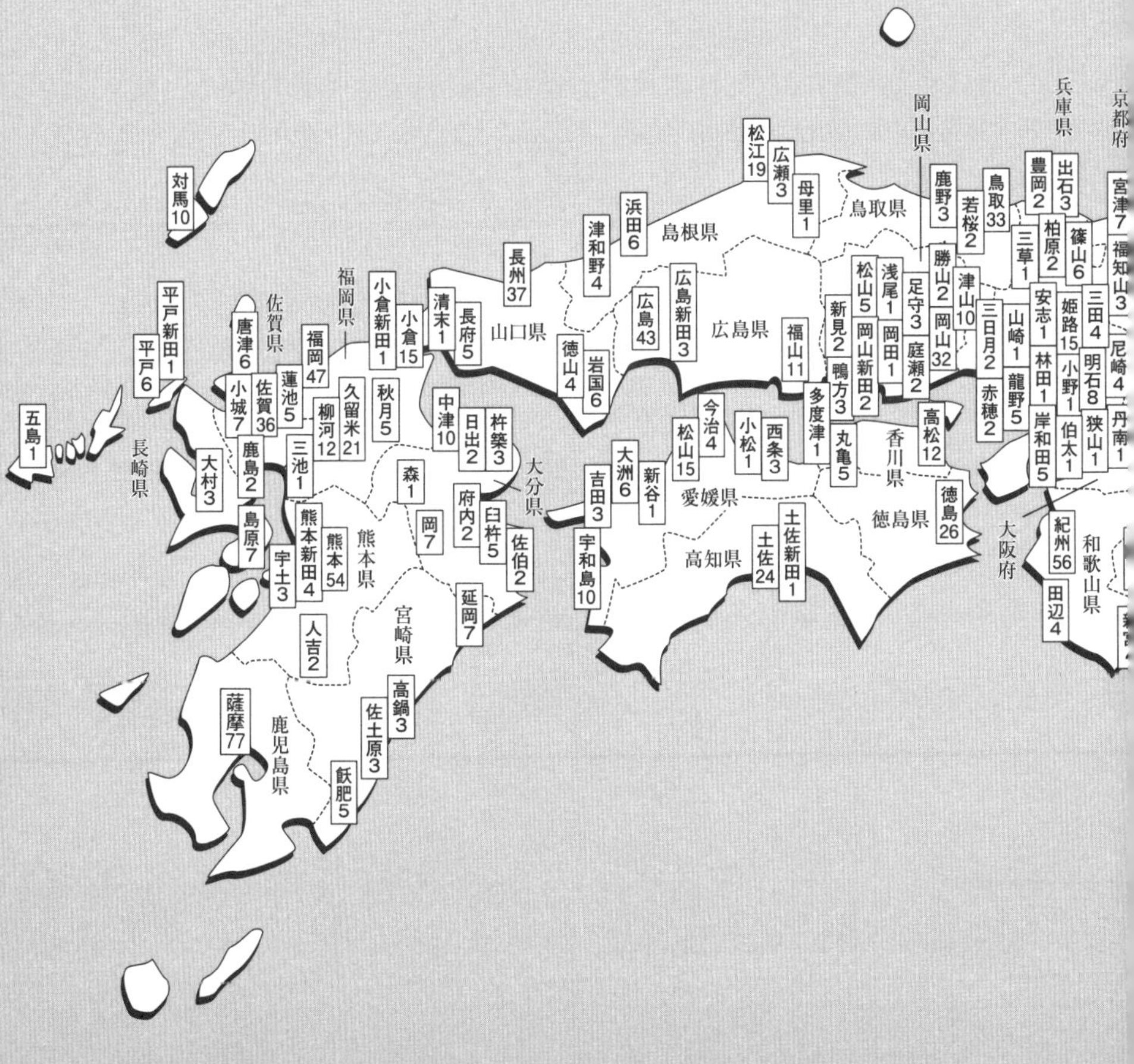
対馬10
平戸新田1
平戸6
五島1
長崎県
佐賀県
唐津6
小城7
佐賀36
蓮池5
鹿島2
大村3
島原7
福岡県
福岡47
柳河12
久留米21
三池1
小倉新田1
小倉15
秋月5
清末1
長府5
長州37
山口県
中津10
日出2
杵築3
森1
大分県
府内2
臼杵5
岡7
佐伯2
熊本新田4
熊本54
熊本県
宇土3
人吉2
宮崎県
延岡7
高鍋3
佐土原3
飫肥5
薩摩77
鹿児島県
津和野4
浜田6
島根県
松江19
広瀬3
母里1
鳥取県
徳山4
岩国6
広島43
広島新田3
広島県
福山11
岡山県
鹿野3
若桜2
鳥取33
新見2
松山5
浅尾1
足守3
勝山2
津山10
岡山新田2
岡田1
庭瀬2
岡山32
鴨方3
多度津1
丸亀5
高松12
香川県
今治4
小松1
西条3
松山15
大洲6
新谷1
吉田3
宇和島10
愛媛県
土佐24
土佐新田1
高知県
徳島県
徳島26
兵庫県
京都府
豊岡2
出石3
宮津7
三草1
柏原2
篠山6
福知山3
三日月2
山崎1
安志1
姫路15
三田4
赤穂2
龍野5
林田1
小野1
明石8
尼崎4
岸和田5
伯太1
狭山1
丹南1
大阪府
紀州56
和歌山県
田辺4

シリーズ藩物語

三春藩

平田禎文……著

現代書館

プロローグ

三春藩物語

「三春」というと、春になると「三春滝桜」をはじめとするたくさんの桜が、梅と桃と同時に「三つの春」が咲き競う桃源郷のイメージがある。それに、江戸時代後期に芸術の域まで発達した張子の「三春人形」や、特産の馬から転じた木地玩具の「三春駒」といった伝統工芸品の生産地ということも、平和な山里のイメージに拍車をかけている。しかし、実際の三春で梅と桃と桜が同時に咲くことは、滅多にない。また、三春人形の主な製作地である「高柴《たかしば》デコ屋敷」は、現在の行政区分では郡山市に位置し、馬は城下町から離れた高地で育てられ、旧藩領内全域でも馬を飼育している農家はほとんどないのが実情である。

　初めて三春を訪れた人は、見通しのきかない、視界が狭い町だと感じるだろう。福島県の中央を南北に流れる阿武隈川《あぶくまがわ》沿いの平地の東側で、太平洋との間の緩やかな山地・阿武隈高地の西縁にあたるため、台地が中小の河川で複雑に削られ、曲がりくねった谷間に建設された城下町は、日の出が遅く、日没が早い。

藩という公国

江戸時代、日本には千に近い独立公国があった

江戸時代。徳川将軍家の下に、全国に三百諸侯《しょこう》★の大名家があった。ほかに寺領や社領、知行所《ちぎょうしょ》★をもつ旗本領《はたもとりょう》などを加えると数え切れないほどの独立公国があった。そのうち諸侯を何々家《け》家中《かちゅう》と称していた。家中は主君を中心に家臣が忠誠を誓い、強い連帯感で結びついていた。家臣の下には足軽《あしがる》層《そう》★がおり、全体の軍事力の維持と領民の統制をしていたのである。その家中を藩と後世の史家は呼んだ。

　江戸時代に何々藩と公称することはまれで、明治以降の使用が多い。それは近代からみた江戸時代の大名の領域や支配機構を総称する歴史用語として使われた。その独立公国たる藩にはそれぞれ、個性的な藩風《はんぷう》と自立した政治・経済・文化があった。幕藩体制とは歴史学者伊東多三郎《いとうたさぶろう》★氏の視点だが、まさに将軍家の諸侯の統制と各藩の地方分権が巧く組み合わされていた、連邦でもない奇妙な封建的国家体制であった。

今日に生き続ける藩意識

明治維新から百五十年以上経っているのに、今そして、降雪は少ないが、標高が高い阿武隈高地は気温が低く、加えて日当たりが悪いため、少しの雪でも凍り付く。良いところはというと、地盤が強固で、風当たりが弱く、風景が変化に富んでいるということだ。また、町中央の三春城跡からの見晴らしは抜群で、郡山の盆地を「見張る」ことができ、これが本来の地名の由来と思われる。

このような地に、戦国大名の田村氏が居城を構え、それを足掛かりに伊達政宗は南奥羽を制覇した。その後、蒲生《がもう》・上杉氏の会津領、加藤・松下氏の治世を経て、正保二年（一六四五）から明治維新まで秋田氏十一代が治めた。五万石の領地は、稲作に向かない山間地で、馬、煙草、蚕といった産品に活路を見出そうとするが、慢性的な凶作に見舞われる。そして、土地が貧しい分、教育に力を入れ、人を育てた結果が、後に周囲の藩から「三春狐」と呼ばれた戊辰戦争での絶妙な立ちまわりとなり、それもあってか、維新後は自由民権運動の拠点となった。

本書では、こうした厳しい環境の三春藩を、歴代の藩主と藩士、さらに領民たちが、どのように運営したことで、現在の三春のイメージが築かれてきたのかを考えてみたい。

でも日本人に藩意識があるのはなぜだろうか。明治四年（一八七一）七月、明治新政府は廃藩《はいはん》置県《ちけん》★を断行した。県を置いて、支配機構を変革し、今までの藩意識を改めようとしたのである。ところが、今でも、「あの人は薩摩藩の出身だ」とか、「我らは会津藩の出身だ」と言う。それは侍出身だけでなく、藩領出身も指しており、藩意識が県民意識をうわまわっているところさえある。むしろ、今でも藩対抗の意識が地方の歴史文化を動かしている。そう考えると、江戸時代に育まれた藩民意識が現代人にどのような影響を与え続けているのかを考える必要があるだろう。それは地方に住む人々の運命共同体としての藩の理性が今でも生きている証拠ではないかと思う。

藩の理性は、藩風とか、藩是《はんぜ》とか、ひいては藩主の家風ともいうべき家訓などで表されていた。

〔稲川明雄（本シリーズ『長岡藩』筆者）〕

諸侯▼江戸時代の大名。
知行所▼江戸時代の旗本が知行として与えられた土地。
足軽層▼足軽・中間・小者など。
伊東多三郎▼近世藩政史研究家。東京大学史料編纂所教授を務めた。
廃藩置県▼幕藩体制を解体する明治政府の政治改革。廃藩により全国は三府三〇二県となった。同年末には統廃合により三府七二県となった。

シリーズ**藩物語**

三春藩

目次

第三章 御家騒動と藩政の転換

家中騒動を乗り越えて、新たな秋田家と三春へと変容した。

これも三春

現在の福島県
鶴岡市
西川町
寒河江市
河北町
東根市
大和町
大郷町
松島町
東松島市
富谷町
利府町
塩竈市
七ヶ浜町
多賀城市
仙台市
大江町
天童市
中山町
村上市
朝日町
山辺町
山形市
川崎町
名取市
白鷹町
村田町
柴田町
岩沼町
長井市
南陽市
上山市
蔵王町
大河原町
亘理町
関川村
小国町
角田市
高畠町
七ヶ宿町
白石市
山元町
胎内市
川西町
丸森町
聖籠町
飯豊町
国見町
伊達市
新地町
米沢市
桑折町
相馬市
新発田市
福島市
新潟市
阿賀野市
喜多方市
北塩原村
猪苗代町
川俣町
飯舘村
南相馬市
田上町
五泉市
阿賀町
西会津町
二本松市
大玉村
本宮市
湯川村
磐梯町
葛尾村
浪江町
加茂市
会津坂下町
双葉町
会津若松市
三春町
田村市
柳津町
大熊町
三条市
会津美里町
郡山市
富岡町
金山町
三島町
川内村
長岡市
小野町
楢葉町
須賀川市
昭和村
広野町
平田村
鏡石町
下郷町
天栄村
玉川村
只見町
魚沼市
矢吹町
中島村
泉崎村
石川町
古殿町
西郷村
いわき市
南会津町
白河市
鮫川村
浅川町
棚倉町
那須町
南魚沼市
桧枝岐村
塙町
那須塩原市
みなかみ町
矢祭町
北茨城市
片品村
日光市
大田原市
塩谷町
矢板市
常陸太田市
大子町
那珂川町
高萩市

羽後
陸中
陸前
羽前
越後
岩代
磐城
上野
下野
常陸

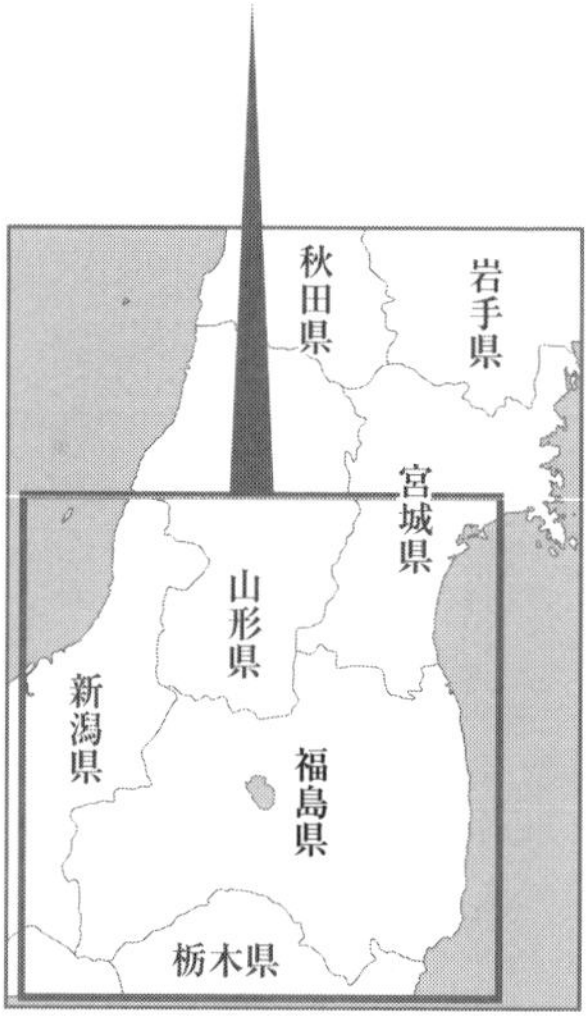
秋田県
岩手県
宮城県
山形県
新潟県
福島県
栃木県

第一章 三春藩前史

戦国時代に田村氏が居城を築き、近世初期は蒲生氏や松下氏の支配となる。

三春の春を象徴する滝桜

1 中世の三春と田村

高冷な阿武隈高地の「田村」と呼ばれた地域を支配した勢力が、十六世紀初頭頃、狭隘な谷間を臨む「三春」に拠点を移した。現在の三春の町を包み込む景観に、中世以来の面影が感じられる。

「三春」

昭和四十九年（一九七四）発行の『non-no』六月五日号に、「東北のおもちゃ箱三春探訪」という特集記事が掲載されている。

「むかしむかし、みちのくの山の奥深く、梅、桃、桜がいっぺんに咲くところから三春と呼ばれた、とっても小さな城下町があったとさ。町の真ん中には小高い緑の丘があり、そこに〝舞鶴城〟というお城が、白く高くそびえていたんじゃ。」と始まり、戦が嫌いなやさしい殿様が、百姓の作った人形に魅了されてその生産を奨励し、都への土産に持参すると評判になり、おかげで国は栄えて末永く平和に暮らしたとさ。めでたしめでたし…。と三春のお伽噺が語られている。

昭和三十年代後半、全国各地に「小京都」が誕生すると、三春も、「小さな城下町」「東北の鎌倉」「梅・桃・桜が同時に開花し、一度に三つの春がやってくるので三春」といったキャッチフレーズでPRした。しかし、実際には、この三種が盛りをずらしながら近接して開花するものの、一斉に開花することはない。

では、この「三春」という地名は何に由来するのだろうか。現在、確認されている最も古い三春の記述は、南北朝時代の延元《えんげん》四年（一三三九）頃と推定される北畠親房《きたばたけちかふさ》★の近臣・沙弥宗心《さみそうしん》が結城親朝に宛てた書状の「御春之輩《みはるのともがら》」である。この記述から、当初は「ミハル」という音に対して、いく通りかの漢字が使われていたが、ある段階で「三春」に固定されたことが想像される。

当時の三春は、田村荘と呼ばれた荘園の一部で、守山《もりやま》（現福島県郡山市田村町）を拠点とした田村庄司《たむらしょうじ》★（藤原姓田村氏）の勢力下にあった。しかし、南北朝の動乱の中で、田村庄司の惣領家は南朝方を貫いたため、応永《おうえい》三年（一三九六）に鎌《かま》倉公方《くらくぼう》★足利氏満《あしかがうじみつ》★の攻撃により滅ぼされた。その後、次第に田村荘内を掌握したのが平姓《へいせい》田村《たむら》氏で、永正《えいしょう》元年（一五〇四）に田村義顕《たむらよしあき》が三春の大志多山《おおしだやま》に居城を移したといわれ、これにより戦国大名としての地位を固めたようである。なお、田村氏の本姓については、非常に複雑なため、別項で解説する。

この時、三春に移る前の居城で新年を祝った後、三春で新年を祝い、さらに閏《うるう》正月を祝った。この新春を三度祝った慶事にあやかり、新しい城を三春と呼んだという説もある。しかし、永正元年の閏月は三月であるため、当てはまらない。

▼北畠親房
南北朝時代に、主に東日本に在りながら南朝勢力を主導した公卿。

▼田村庄司
庄司は、荘園の管理者の意で、職名でも名乗りでもないが、古くから慣例的に使われた呼び名。

▼鎌倉公方
室町幕府が、東国を治めるために設けた鎌倉府の長官。

▼足利氏満
足利尊氏の四男で初代鎌倉公方となった足利基氏の子。第二代鎌倉公方。

そこでもうひとつ考えられるのが、義顕が城を移した標高四〇七・五メートルの大志多山からの眺望である。そこからは、郡山市街地をはじめ、安積《あさか》・安達《あだち》・岩瀬郡《いわせぐん》、さらに領内外の山々を見渡すことができ、見張りには最適の場である。このことから、「見張る」が「三春」に転じたと考えるのが、最も自然であろう。

三春の歴史資料

三春を治めた戦国時代の田村氏、江戸時代初期の蒲生《がもう》・加藤・松下氏といった大名家は、ことごとく改易されたために資料があまり伝わっていない。そして、江戸時代の大半を治めた秋田氏は無事明治維新を迎えたが、藩政に関わる役所の記録や公式の日記などは伝わっていない。このため、三春の歴史を編むためには、旧藩士や有力な町人、庄屋など各家に伝わる断片的な資料を集積するほかなく、『福島県史』や『三春町史』の編纂過程を経て、三春町歴史民俗資料館が開館してからは、同館がその収集、保存、整理、公開に努めている。

こうして集められた資料も、時期的な偏りが大きいため本書の内容は、後世の編纂資料や断片的な資料を継ぎ合わせ、推測も含めて構成した歴史事象も多く含まれている。今後の研究の進展により、変わっていく可能性もあることを、読者の皆さんには了承してほしい。

三春城からの眺望
（城下町の向こうに郡山市街を望む）

田村地方の成り立ち

三春は、戦国時代の田村氏以来、明治維新まで田村地方を治めた大名が居城を置いた都市の名称で、その城主の支配領域がほぼ「田村」と呼ばれる地域と重なる。一般的に田村地方と呼んでいるのは近代の田村郡の範囲で、現在の田村市（平成の合併前の船引《ふねひき》町、常葉《ときわ》町、大越《おおごえ》町、滝根《たきね》町、都路《みやこじ》村）と田村郡（三春町、小野町）、それに郡山市の阿武隈《あぶくまがわ》川東岸地区（西田町、田村町、中田町）にあたる。

現在の福島県は、大きく東西三つの地方に区分している。東側の太平洋沿岸を浜通り、中央を南北に流れる阿武隈川流域を中通り、そして、西部の会津盆地周辺を会津と呼んでいる。浜通りと中通りは阿武隈高地、中通りと会津は奥羽山脈の分水嶺でおおよそ分けられる。江戸時代以前は、浜通りを海道《かいどう》、中通りを仙道《せんどう》と呼び、「田村」は仙道に位置する。

古代の「田村」は安積郡の一部だったが、延喜《えんぎ》六年（九〇六）に安積郡の北部が分立して安達郡になり、残りの阿武隈川東岸部分が鎌倉時代までに田村荘として立荘したといわれている。一説に田村は、坂上田村麻呂の名に由来し、その功田であったともいう。田村地方には、田村麻呂の伝説が数多く伝わっているが、中央の歴史との対比から事実とは考えにくい。その後、豊臣政権による奥羽仕置

田村庄司家系図

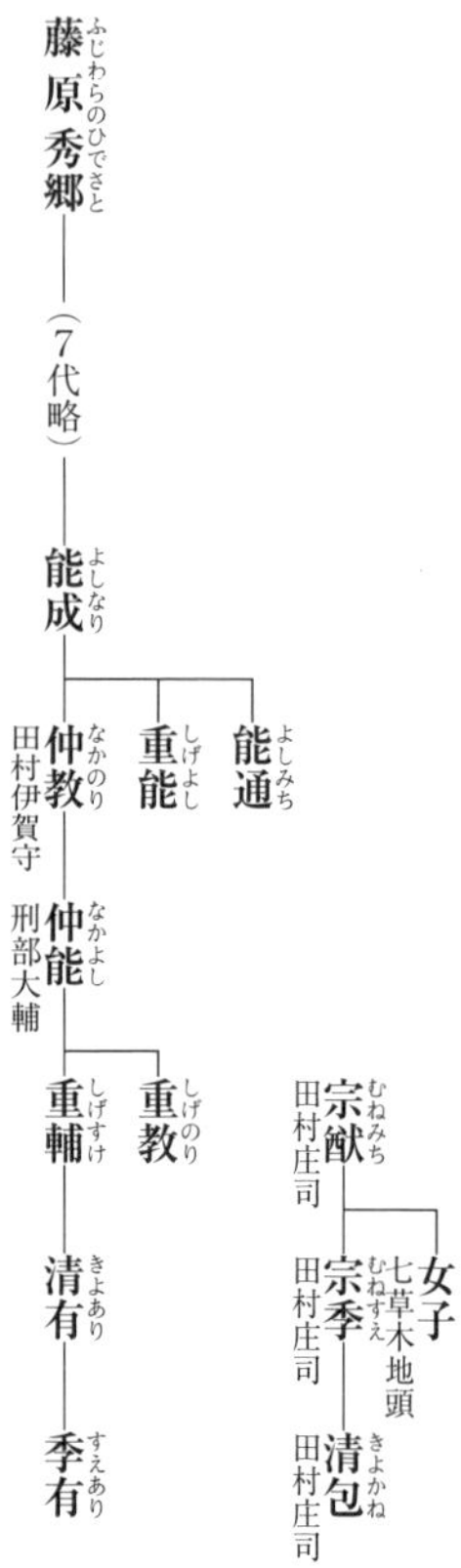

まで紀《き》伊国《いのくに》熊《くま》野《の》新宮《しんぐう》の荘園として継続するが、詳しい経営形態は不明である。

　鎌倉時代になると、京都の下級貴族出身で将軍側近の事務官僚として活躍した藤原仲教《ふじわらのなかのり》が田村伊賀守を名乗り、その子の仲能《なかよし》が田村荘の地頭《じとう》として陸奥に下ったという。この根拠とされるのが、十三世紀中頃に成立した『古今著聞集』の中の「馬允《うまのじょう》某《なにがし》陸奥国赤沼《むつのくにあかぬま》の鴛鴦《おしどり》を射て御出家の事」という説話である。「みちのくに田村の郷の住人、馬允なにがしとかやいふをのこ」で始まり、「此所は前刑部大輔《ぎょうぶのたいふ》仲能《なかよし》朝臣《あそん》が領になん侍りける」で終わる。

　当時の系譜をまとめた『尊卑文脈』によると、仲教は藤原秀郷《ふじわらのひでさと》から九代目で、田村伊賀守と称している。秀郷流藤原氏は平将門《たいらのまさかど》を討ち取った秀郷から始まり、東日本に広く根付いた一族で、平安時代末期に一大王国を築いた平泉《ひらいずみ》の藤原氏や、源義経に従いともに鎌倉勢に討たれた佐藤継信《さとうつぐのぶ》・忠信《ただのぶ》兄弟の福島市飯坂の佐藤氏もこの一族で、平泉藤原氏の初代・清衡《きよひら》の養女が岩城《いわき》氏に嫁いで、いわき市に国宝・白水阿弥陀堂を建立している。

また、藤原秀郷は、近江国瀬田で龍神に頼まれて大ムカデを退治した伝説の俵藤太《たわらのとうた》ともいわれ、坂上田村麻呂と並び称される将軍で、その直系とされるのが下野《しもつけ》の小山氏である。さて、田村に話を戻すと、藤原仲能らは鎌倉在住の将軍側近であるため、遠隔の所領に下向して暮らすことは考えにくく、一族の者が下向して田村庄司を名乗り、守山を拠点に田村荘を支配した可能性が高い。

さて、この田村荘は、田村地方の中央から西側三分の二程度の範囲で、六六《ろくじゅうろく》郷《ごう》といわれる。おおよそ現在の三春町と郡山市の阿武隈川東岸地区、滝根と都路を除いた田村市の範囲で、南東部の小野町や滝根は小野保《おののほう》で、北東の都路は標葉《しねは》郡だった。記録が残っている十六世紀の熊野新宮の年貢帳によると、一二〇前後の村々に合計百町歩程度の式田《しきでん》★を設け、一反歩から一〇〇文、合計七〇から八〇貫文の年貢を徴収していたようである。この徴収にあたったのが、田村庄司や平姓田村氏で、田村荘での熊野先達職を勤めた蒲倉大祥院《かばのくらだいしょういん》も関係したようだ。

田村庄司と南北朝動乱

元弘《げんこう》元年（元徳《げんとく》三年・一三三一）に後醍醐天皇《ごだいごてんのう》らが起こした元弘の乱以降、鎌倉幕府が倒され、建武の新政を経て南北朝時代となった。この間、各地の勢力は、

▼式田
当時の年貢帳によると、荘園領主の直接の支配地として式田を設け、その規模に応じて、各村から年貢銭を徴収していた。

南朝方と北朝方に分かれて、内乱が続いた。田村地方の盟主である田村庄司の惣領家は、領内南西の宇津峰を拠点に、後醍醐天皇の皇子らを招いて、南朝方として活躍した。

　この戦闘の中で、暦応《りゃくおう》二年（延元四年・一三三九）と推定される結城親朝宛ての北畠親房の袖判が押された沙弥宗心書状によると、田村宗季が南朝から庄司に任じられている。また、同じく親朝宛ての沙弥宗心奉書には、「御春輩《みはるのともがら》」が上洛に参陣しなかったので、当初与えていた安達東方を没収すると記されており、これが「三春」地名の初出である。これらの内容から、田村庄司一族は遠征に参加して戦功を挙げるが、田村庄司とは別行動をとる三春の一族がおり、その領地の一部が召し上げられたと考えられている。

　その後、周辺の勢力が次第に北朝方へと転身する中、田村庄司は南朝方を貫き、貞和《じょうわ》三年（正平《しょうへい》二年・一三四七）と、文和二年（正平八年・一三五三）に、北朝方の攻撃で宇津峰は落城するが田村庄司家は再生した。そして、北朝が東国支配のために鎌倉に設置した鎌倉公方の足利氏満に対し、弘和二年（永徳二年・一三八二）、下野の小山義政が乱を起こすが敗れると、その遺児・若犬丸が挙兵後、常陸の小田氏の元へ逃れた後、田村庄司の元へ落ち延びた。これに対して、氏満は将軍足利義満に働きかけ、明徳《めいとく》三年（元中《げんちゅう》九年・一三九二）に奥羽支配を認めさせ、田村庄司攻めにかかる。守山の田村清包のもとには、南朝の残党が集結してこれを

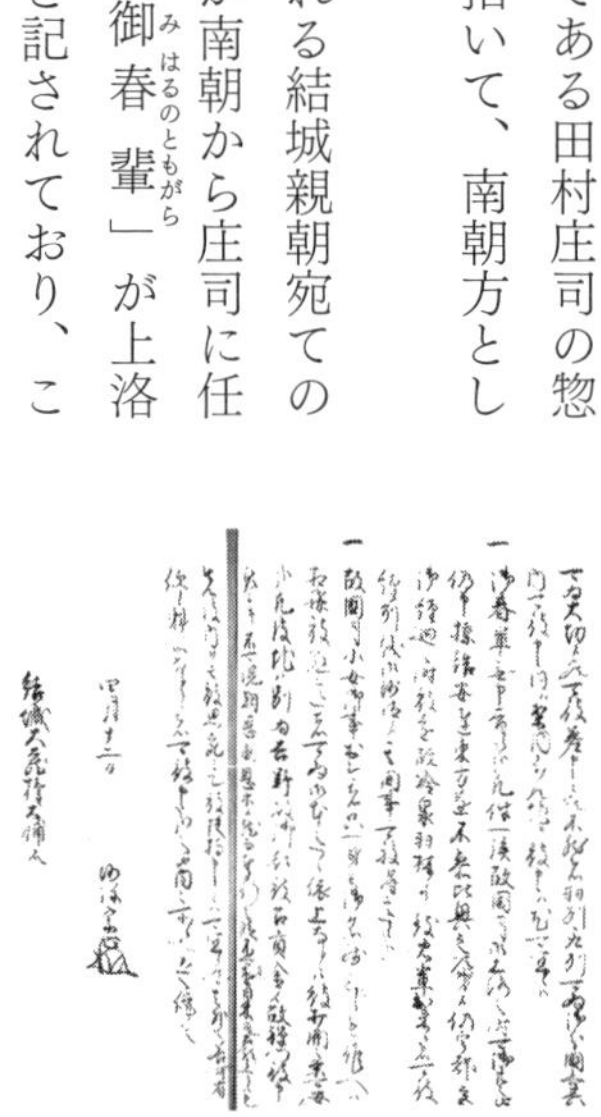

結城親朝宛沙弥宗心奉書
（国立国会図書館蔵）

凌ぐが、同年十月には南朝の後亀山天皇が退位し、三種の神器も北朝が接収して南北朝が合一してしまう。そして、応永《おうえい》三年（一三九六）、氏満が関東の大軍を率いて押し寄せ、守山城は落城する。なお、若犬丸はここでも難を逃れるが、逃亡先の会津で自害し、名族・小山氏の嫡流はここに絶えた。

これにより六十年続いた南奥羽の動乱は終わり、南朝の最後の抵抗が、下野の小山氏、常陸の小田氏を経て、陸奥の田村庄司で幕引きとなった。実際には、南北朝の抗争の名を借りた在地での勢力争いだったのであろうが、これらを鎌倉公方が徹底的に鎮圧したのは、この三氏が東日本の新しい秩序を妨げる旧勢力を象徴する存在だったためと推測される。

応永五年（一三九八）に足利氏満が没し、嫡男満兼が鎌倉公方を継承すると、翌六年、田村荘に近い安積郡篠川に二男・満直、岩瀬郡稲村に四男・満貞を派遣し、篠川御所・稲村御所としてこの地域の支配拠点とした。鎌倉時代末期から続いた戦乱により、田村地方は何度も戦場になるとともに、領主が転々としたり、分割されたりしたほか、多くの農民が戦に動員され、荒廃したと推測される。このため、亡くなった武士や上層農民を供養する板石供養塔婆（板碑）が、宇津峰周辺を中心に多数建立されている。

②三春田村氏と伊達政宗

中小領主が割拠する仙道で、版図を拡げた三春田村氏だったが、佐竹氏の北進により孤立し、伊達氏との同盟を強化すると、伊達政宗はそれを足掛かりにして南奥羽を制覇した。

謎の一族・三春田村氏

南奥の戦国大名や一郡程度を支配領域とするため郡主とも呼ばれる国衆たちの多くは、幕府などから領地を拝領あるいは派遣された経歴を持つ。最も古いのが石川氏で、平安時代末期に前九年の役の褒賞として石川荘を下賜されたという。そして、鎌倉幕府の御家人が下向して在地化したのが伊達氏（伊達郡など）や芦名氏（会津）、相馬氏（行方郡《なめかたぐん》など）、二階堂氏（岩瀬郡）などで、畠山氏（安達郡西部・二本松）や石橋氏（安達郡東部・塩松）は南北朝時代に派遣された一族である。

現在伝わっている田村氏の系譜等は江戸時代以降に成立したもので、田村氏の祖を坂上田村麻呂とし、本姓★を坂上《さかのうえ》としている。これに対して、戦国時代の田村義顕や隆顕、清顕は書状等で平を名乗っており、伊達家に嫁いだ愛姫《めごひめ》の記録で

▼本姓
一般的に、武士がその所領の地名を名乗った「名字」に対して、その家のルーツを伝える本来の姓を「本姓」という。

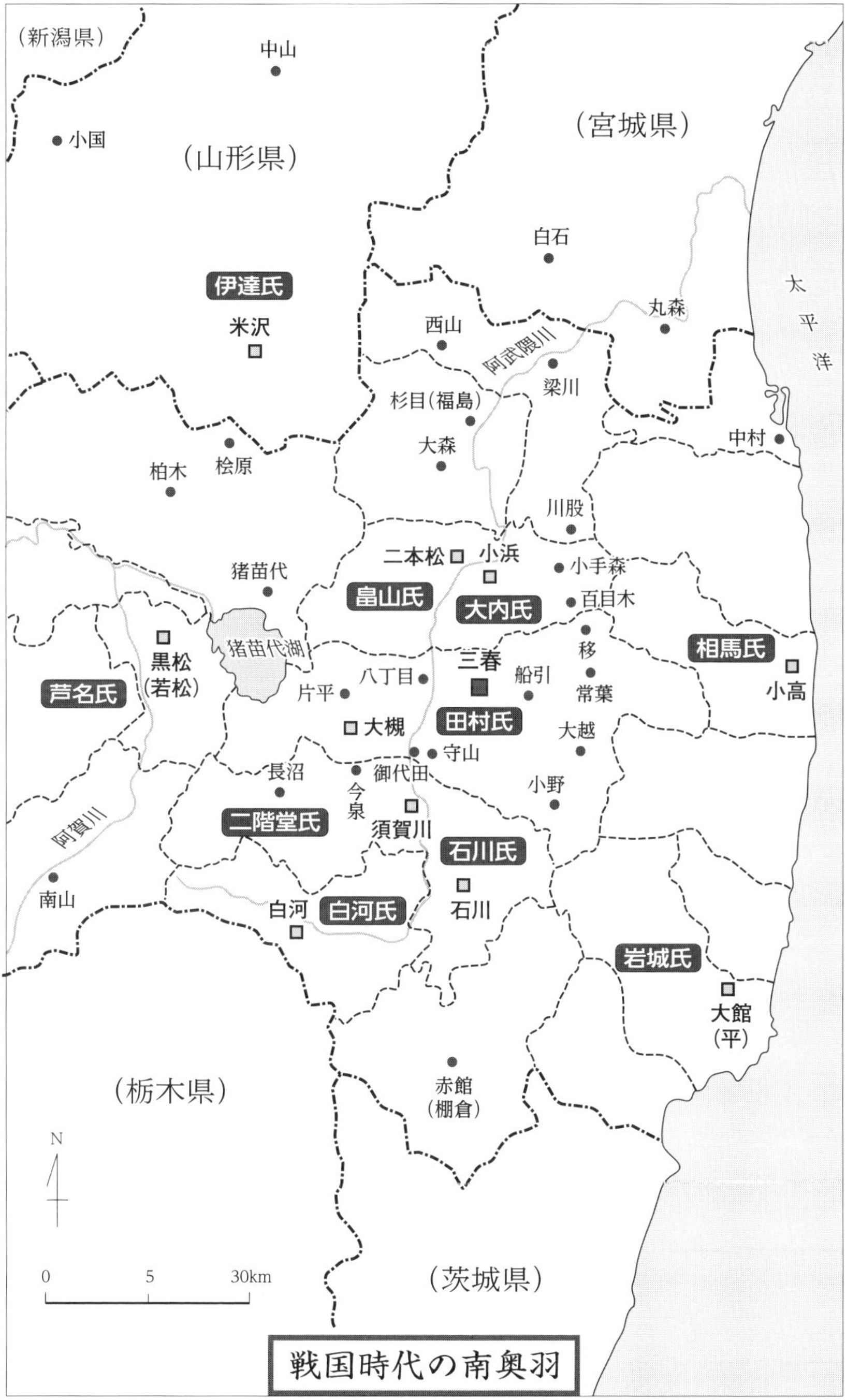
(新潟県)
中山
小国
(山形県)
(宮城県)
白石
伊達氏
米沢
太平洋
丸森
西山
阿武隈川
梁川
杉目(福島)
大森
中村
柏木
桧原
川股
二本松
小浜
小手森
猪苗代
畠山氏
大内氏
百目木
黒松
猪苗代湖
相馬氏
移
三春
八丁目
船引
片平
常葉
芦名氏
(若松)
小高
大槻
田村氏
大越
守山
長沼
御代田
今泉
小野
二階堂氏
須賀川
阿賀川
石川氏
南山
白河
白河氏
石川
岩城氏
大館
(平)
赤館
(棚倉)
(栃木県)
N
0
5
30km
(茨城県)

戦国時代の南奥羽

も田村麻呂の子孫で平氏と記しており、江戸時代前期の段階で、田村氏は平姓であるという認識があったようである。江戸時代に伊達家に仕えた田村家旧臣が称する本姓では、藤原が最も多く、次に坂上、そして平と続いており、多くが坂上姓を称すようになっても、平姓を継承した家も多かったようだ。この平姓のルーツと考えられるのは、古代の常陸に勢力をふるった桓武平氏が、陸奥の海道に北上した岩城氏である。また、相馬氏も同じく桓武平氏であるが、下総の千葉氏の流れで、平将門の子孫であることを誇りとする相馬氏ならではの文化が、田村地方には伝わっていない。こうしたことから、岩城氏の一族が阿武隈高地に進出し、それが在地に根を張り、土豪化した可能性が高いが、明らかではない。

　暦応二年（延元四年、一三三九）、田村麻呂から二十一代目とされる田村輝定《てるさだ》という人物が、常陸出身の僧・復庵宗己《ふくあんそうき》を招いて安積郡八丁目（郡山市日和田町）に臨済宗《りんざいしゅう》の福聚寺《ふくじゅうじ》を開き、田村家の菩提寺とした。また、貞治《じょうじ》元年（正平十七年、一三六二）に輝定は、帝釈天《たいしゃくてん》（三春町実沢の高木神社）に銅鏡を奉納するが、その後、特に事績のない当主が数代続き、輝定は田村家中興の伝説的な人物である。

　そして、鎌倉公方や篠川・稲村の両御所も滅び、関東大乱となった享徳《きょうとく》の乱《らん》の後、長禄四年（一四六〇）、京都の将軍足利義政が東日本の諸将に、古河公方の足利成氏《しげうじ》を討伐する軍勢を催促する御内書を出している。その中で、小峯直親《こみねなおちか》、二階堂次郎、芦名盛詮《あしなもりあきら》、田村次郎、田村一族は結城直朝《なおとも》と相談し、相馬高胤《たかたね》は

田村輝定奉納銅鏡
（高木神社蔵）

田村次郎と相談して出陣するよう記されており、小峯氏らとともに田村氏は結城直朝の配下にあり、相馬氏は田村氏に従属的な立場にあったと考えられる。さらに、文正元年（一四六六）にも田村次郎宛、文明三年（一四七一）には田村太郎宛

三春田村氏関係系図

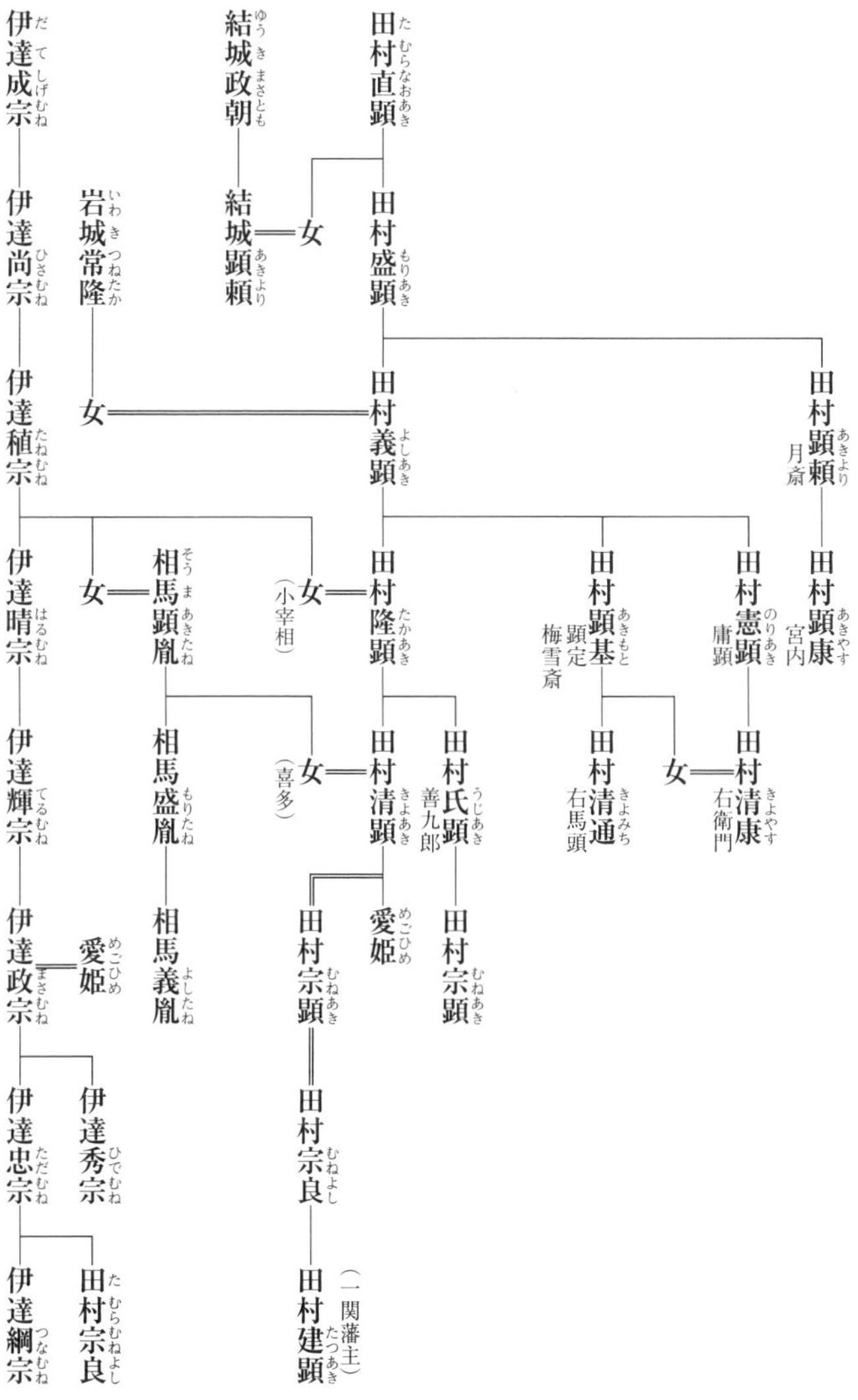

に同様の軍勢督促の御内書が出されており、田村氏をはじめ多くの奥州武士たちが将軍の命令に従っていないことがわかる。この田村次郎が輝定から六代目の直《なお》顕《あき》、太郎が直顕の子の盛顕《もりあき》と考えられ、盛顕の子が義顕《よしあき》である。

三春田村氏の誕生

菩提寺である福聚寺に伝わる近世初期の記録によると、田村義顕が永正《えいしょう》元年（一五〇四）に居城を三春（大志多山ともいう）に移したとされる。それ以前の居所については田村荘の中心地であった守山が有力だが、福聚寺があった安積郡八丁目とする説もある。

さて、三春城の本丸があった山頂部の発掘調査では、十四世紀から十五世紀代に、痩せ尾根《おね》の稜線《りょうせん》に沿って狭い雛壇状《ひなだんじょう》に平場群が造成された遺跡が発見されている。そして、この遺跡の上を大規模に盛土整地することで、現在の地形が形成されたことがわかっている。この整地層には大量の炭化物や灰から成る焼土層が含まれ、その中からたくさんの土師質土器皿《はじしつどきさら》（かわらけ）と十五世紀後半から十六世紀初頭の中国産の磁器が発見され、青白磁の梅瓶《めいぴん》★も数個体分の破片が出土している。このことから、三春城は十六世紀初頭頃に火災に遭い、その後、大規模な土木工事が行われたと考えられ、田村氏の三春移転を永正元年とする説を

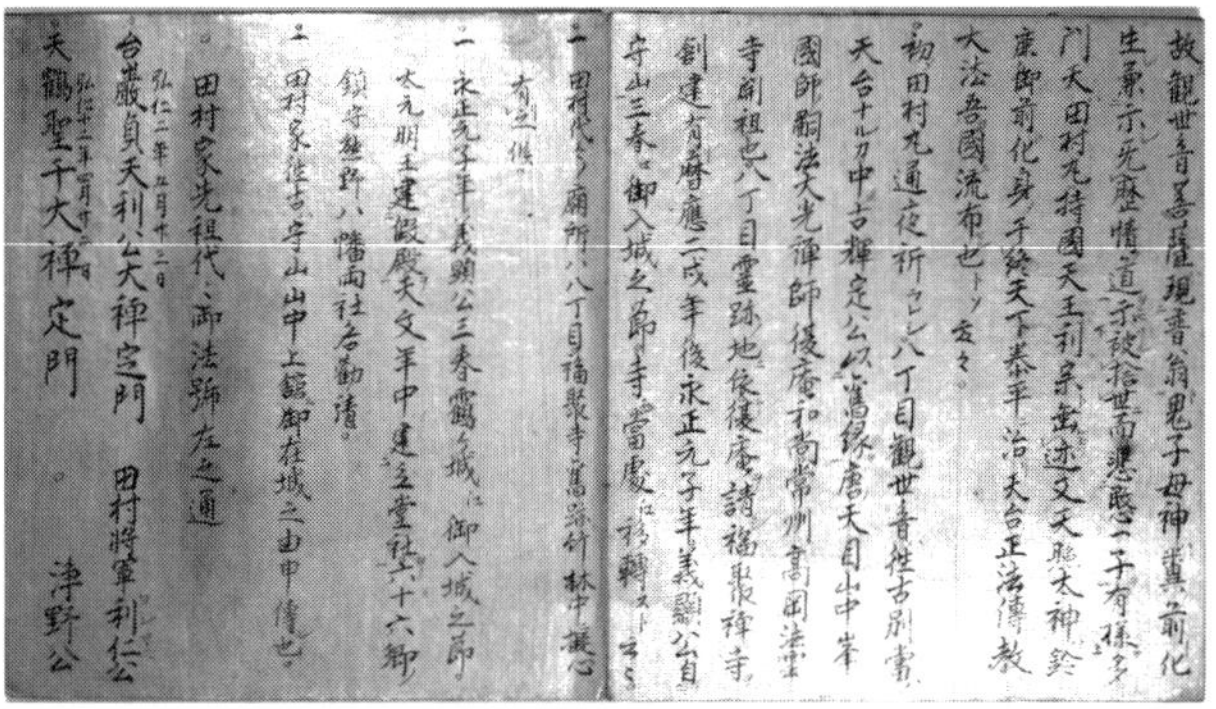
田村家記録（福聚寺蔵）

▼梅瓶
主に中国や朝鮮で生産された、小さな口に丸い肩を持つ背の高い酒器。

裏打ちしている。しかし、そうであれば整地層から出土した遺物は、田村氏の前の住人の持ち物と考えられるが、饗宴用の器であるかわらけや威信財とされる梅瓶などの所有には一定の権力と財力が必要であり、この地域、時代にそれが可能な人物は田村氏以外に考えにくい。このため、田村氏は元々三春に居住していたが、田村地方をほぼ掌握し、その中心機能を三春に移して城の大改築を行ったのが、永正元年なのではないかとも考えられる。そして、守山から田村地方の鎮守である大元帥《たいげん》明王《みょうおう》（一般的に帥は発音せず省略されることが多いため、以下大元明王と記す）を、安積郡八丁目から福聚寺を三春に移した。この田村義顕から子の隆顕、孫の清顕と続いた田村氏を、三春田村氏（以下、田村氏と略）と呼んでいる。

田村義顕の時代

戦国時代の南奥羽では、大名や郡主たちが互いに縁戚関係を結ぶことで、一定の平和を保っており、その時々の力関係や親同士の付き合いが、子の婚姻に影響を与えている。当初、田村氏は、仙道南部の白河城主で、南北朝の動乱以来、関東府や室町幕府と奥羽の諸大名を結ぶ役割を果たしていた結城（白河）氏との関係を重んじていたようであるが、義顕以前の正確な姻戚関係は不明である。田村義顕は、十五世紀末頃に海道南部の岩城常隆《つねたか》の娘を妻に迎えており、やはり関東

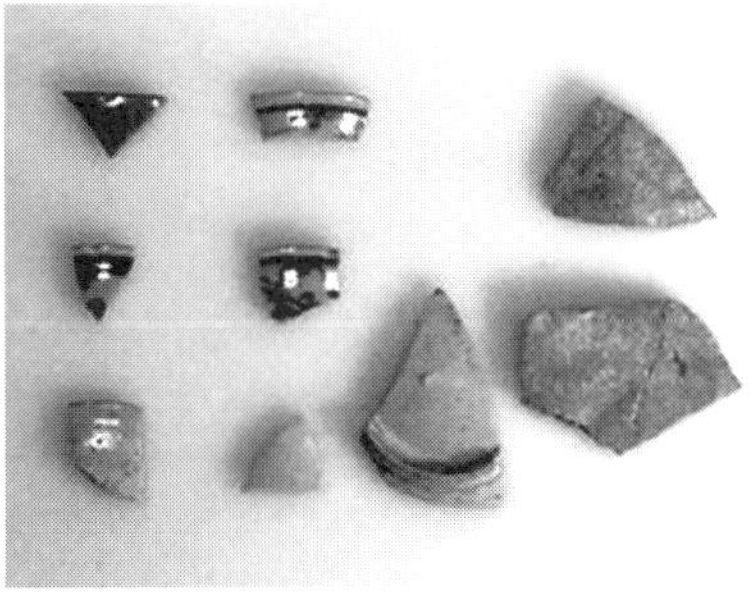

三春城本丸跡出土品（三春町教育委員会蔵）

田村大元神社（旧大元明王社）

との関係が重視された可能性が高い。そして、十六世紀に入って義顕が居城を三春に移すと、同じように伊達郡梁川《やながわ》（現福島県伊達市）から桑折西山《こおりにしやま》（現福島県伊達郡桑折町）へ居城を移し、陸奥国守護に任じられ権勢を極めた伊達稙宗の娘を嫡男・隆顕《たかあき》の妻に迎えた。稙宗はたくさんの子どもたちを、周囲の大名家などへ嫁や養子として送り込むことで、伊達家を中心とした姻戚網を築き上げた。この過程で田村氏は、白河・岩城氏と対等に近い位置づけへ成長したと推測される。そして、義顕は、弟の顕頼《あきより》（月斎《げっさい》）を移《うつし》（現福島県田村市船引町移）に、次男の憲顕《のりあき》を船引《ふねひき》、三男顕基《あきもと》（梅雪斎《ばいせつさい》）を小野に配置し、東方の備えを盤石にして、天文《てんぶん》四年（一五三五）までに隆顕へ家督を譲っている。

伊達天文の乱と田村隆顕

天文十一年（一五四二）、伊達稙宗とその子・晴宗《はるむね》の争いが起き、やがて伊達天文の乱と呼ばれる南奥羽の諸大名を巻き込んだ戦乱となる。田村隆顕は岳父である稙宗方に付き、混乱に乗じて畠山氏や石橋氏とともに安積郡へ侵攻する。しかし、会津の芦名盛氏《あしなもりうじ》が稙宗方から晴宗方に転じると、晴宗方の猛反撃を受けることになる。そして、同十七年に足利義輝《あしかがよしてる》の仲裁を受け、晴宗の勝利で父子は和睦し、稙宗が丸森《まるもり》（現宮城県伊具郡丸森町）に隠居し、晴宗は出羽国米沢（現山形県米沢市）へ本拠を移した。その後、義顕は安積郡から撤退することを条件に盛氏と和睦し、同じく稙宗方だった相馬顕胤の娘・喜多《きた》を、嫡男・清顕の妻に迎える。相馬氏は嫁入りに際して、標葉郡の古道《ふるみち》・岩井沢《いわいざわ》・葛尾《かつらお》・津島《つしま》村を化粧領★として持参したと伝わり、この四カ村は明治維新まで三春藩領に留まり、明治八年に葛尾・津島村は標葉《しねは》郡（現福島県双葉郡）に復帰するが、古道・岩井沢村は田村郡に残り、都路村を経て現在は田村市の一部となっている。

こうして北東に縁戚を得た隆顕は、永禄二年（一五五九）、再び西へ軍を進め、一度は盛氏に敗れるが、すきをついて岩瀬郡今泉《いまいずみ》城（現福島県須賀川市今泉）を占領した。そして、叔父の月斎を今泉城主とし、安積・岩瀬郡攻撃の橋頭保★とした。月斎は今泉を拠点にあちらこちらに侵攻したことから、「田に蛭藻《ひるも》、畠に地《じ》縛《しば》り、田村に月斎なけりゃ良い」と歌われるほど敵から恐れられ、ひたすら小野城を守り抜いた甥の梅雪斎とあわせて「攻めの月斎、守りの梅雪」とも呼ばれたという。そして、同四年に義顕が没すると、翌年には大槻《おおつき》（現福島県郡山市大槻町）城を攻め、城主伊東高行《たかゆき》を討った。その後、常陸の佐竹《さたけ》氏が北へ侵攻してきたため、佐竹氏に敵対する関東の小田氏や北条氏と連携を図るとともに、宿敵である芦名氏とも連衡するようになる。さらに隆顕は、北の塩松《しおのまつ》（現福島県二本松市東部）の領主・石橋尚義《いしばしひさよし》を、その家臣である大内義綱《おおうちよしつな》や石川弾正《だんじょう》らに内応させて滅ぼして配下とし、一五七〇年頃までに清顕に家督を譲った。

▼化粧領
嫁入りに際して持参した土地。

▼橋頭保
敵領地に設けた味方の前線基地。

田村清顕の版図拡大と孤立

田村家当主となった清顕は、芦名・佐竹氏と交互に同盟・敵対を繰り返しながら勢力を拡大し、天正四年（一五七六）には大内義綱の子・定綱《さだつな》と親綱《ちかつな》を先手として安積郡片平《かたひら》（現福島県郡山市片平町）城を攻略し、親綱を城主に据えると、高《たか》倉《くら》（現福島県郡山市日和田町）城主の高倉《たかくら》治部《じぶ》、郡山城主の伊東太郎左衛門らも田村氏の旗下に入り、安積郡をほぼ手中に収めた。

しかし、同七年に白河氏を巡る争いで、芦名盛氏と佐竹義重の講和が成立し、義重の二男・義弘が白河家の養子に入った。その結果、佐竹氏を盟主として芦名・岩城・石川・白河・二階堂氏の連合が成立し、田村氏は南から西を敵に囲まれることになる。そこで嫡男がいなかった清顕は、一人娘の愛姫を伊達輝宗の嫡男・政宗に嫁がせ、伊達氏との同盟を強化することで乗り切ろうとする。しかし、永らく芦名家を治めてきた盛氏が亡くなり、養子で二階堂家出身の盛隆が芦名家の実権を握ると、同九年、田村領南西の拠点御代田城を佐竹・芦名連合軍が包囲する。清顕は自力での救援は不可能と判断し、輝宗・政宗父子に佐竹方との調停を頼むが、結果は今泉城を二階堂氏に返還し、岩瀬・安積郡から撤退することになった。本来であれば、直接今泉城を囲んで撤退させるべきであるが、佐竹軍を

三春田村氏三代の墓所（福聚寺）

擁しても田村月斎との直接対決は避けたいと判断したため、このような作戦がとられたと考えられる。かくして、この事件を佐竹氏は「奥州一統」と呼び、田村氏の弱体化とともに、仙道での佐竹氏の台頭が明確になる。

愛姫の輿入れ

さて、伊達政宗は、永禄《えいろく》十年(一五六七)に、米沢城主・伊達輝宗と山形城主・最上義守《もがみよしもり》の娘・義姫《よしひめ》の間に生まれた。そして、愛姫は翌十一年に田村清顕と相馬顕胤の娘・喜多《きた》との間に生まれた。ともに第一子であるが、義姫が輿入れから三年目の出産であるのに対し、喜多は二十年目の子で、よほど可愛いかったのか「メゴ」と名付けられた。なお、清顕と喜多の母親はともに伊達稙宗の娘で、輝宗と同じく稙宗の孫にあたるため、政宗と愛姫は又従兄弟の関係である。政宗は、義姫が身籠った時に見たという瑞夢《ずいむ》から梵天丸《ぼんてんまる》と名付けられたが、幼少時に疱瘡《ほうそう》で右目を失明した。そして、天正五年(一五七七)に元服するが、すでに将軍足利義昭《あしかがよしあき》が織田信長により京都を追われていたため、代々の伊達家当主が受けた足利将軍家の偏諱《へんき》は受けず、伊達家中興の祖である九世政宗の名を授かった。

同七年、十三歳の少年・政宗の元へ、愛姫は十二歳で嫁いだ。この婚姻は、田村家から伊達家に申し入れたもので、伊達家では周囲の大名と争いが絶えない田村家との婚姻には反対が強かったが、古くからの付き合いがあることと清顕の武勇を理由に輝宗が押し切ったといわれる。また、この時の愛姫の嫁入り行列の伝承が各地に伝わっている。一行は塩松と相馬領との境の山道を通って伊達領の川《かわ》俣《また》に入り、伊達家の旧本拠地である梁川で、甲冑の上に礼服を着た伊達成実《しげざね》や遠《えん》藤基信《どうもとのぶ》といった伊達家重臣に愛姫が引き渡されたといい、表向きは伊達氏の配下とされる二本松の畠山氏や小浜の大内氏、さらに相馬氏らの旗色が不鮮明な状態にあったと推測される。さらに、雪深い板谷《いたや》峠を避けて、小坂《こさか》峠から七ヶ宿、二井宿峠を越えて米沢に入ったと伝わっている。

佐竹連合との戦闘開始

佐竹氏の台頭で落ち着いたかに見えた南奥羽だったが、天正十二年（一五八四）に芦名盛隆が急死する。このため、生まれたばかりの盛隆嫡子・亀王丸《かめおう》をその叔父にあたる伊達輝宗が後見して芦名家を継承させると、輝宗はさらに伊達家の家督を政宗に譲った。すると、政宗は年が明けると米沢から山を越えて会津に入った桧原へ兵を出し、佐竹連合との戦いを開始した。また、塩松の大内定綱《さだつな》が田村氏に叛旗を翻し、清顕は連戦連敗を喫するばかりか、戦闘で弟の氏顕を失ったため、政宗に大内征伐を依頼する。これを受けて閏八月に伊達・田村軍で塩松の小《お》

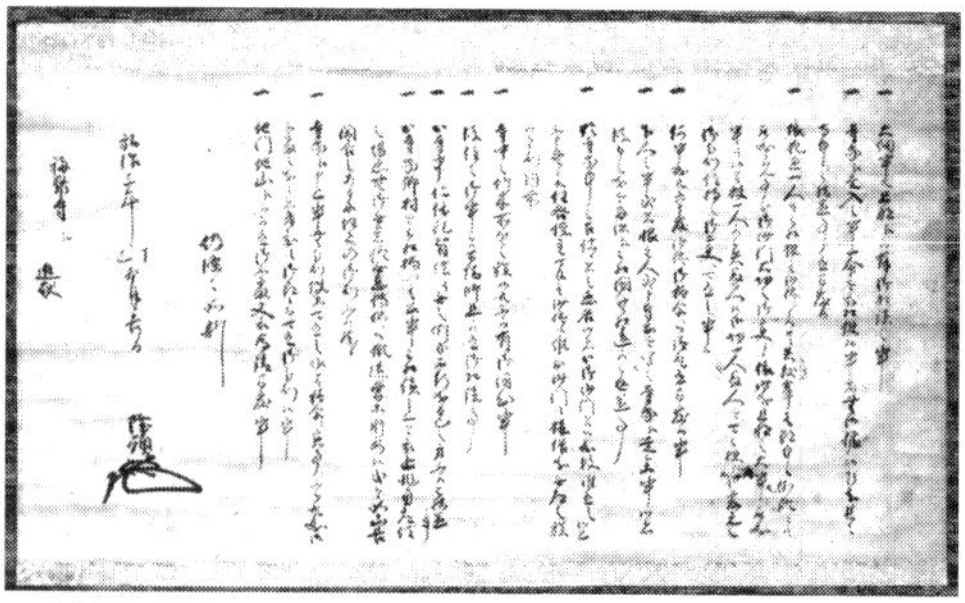

田村隆顕掟書（福聚寺蔵）

手森《でもり》（現福島県二本松市針道）城を攻め落とすと、誇張もあるだろうが城に逃げ込んだ女子ども犬まで一〇〇〇人以上をなで斬りにしたと伯父にあたる最上義光《よしあき》に政宗は手紙で伝えている。政宗を恐れた大内定綱は、畠山義継《よしつぐ》を頼って二本松に逃げ込んだため、十月に伊達輝宗が義継と和議を結ぼうとするが、停戦交渉中に起こった戦闘で輝宗と義継が死亡し、伊達・畠山両家の弔い合戦に発展する。十一月には、畠山氏を擁護する佐竹連合の大軍との人取橋《ひととりばし》（現福島県本宮市）の戦となる。多くの兵や重臣を失いながらも、これを辛うじて乗り切った政宗は、翌年、二本松城を取り囲み、半年以上をかけて小競り合いと調略で二本松城を攻略する。この結果、二本松城に大森城（現福島県福島市）から伊達成実、塩松の宮森城に白石城から白石宗実《むねざね》を移し、小手森城には百目木《どうめき》（福島県二本松市百目木）城主の石川弾正を入れることで、伊達領の前線を南に進めた。

清顕の頓死と田村仕置

政宗が安達郡を手に入れた天正十四年（一五八六）十月、田村清顕が急死した。原因は不明で、頓死と記録されている。嫡男がいなかった清顕は生前、政宗と愛姫の間に男子が何人か生まれれば養子に迎え、田村家を継承させる約束をしていたという。そこで、田村家は伊達家から養子を迎えるまで、相馬家出身の清顕後室を中心に、田村月斎顕頼、梅雪斎顕基、右衛門清康《きよやす》（隆顕の弟・憲顕の子で船引城主）と一族の橋本刑部顕徳《あきのり》の四宿老による合議で運営し、重要な案件については政宗に諮って決定することになる。当初は政宗に従っていた清顕後室だったが、愛姫と政宗が不仲であるという噂を耳にすると、実家の相馬家を頼るようになり、これに重臣の大越顕光《おおごえあきみつ》らが加わり、伊達家と相馬家を巻き込んだ家中抗争に発展した。また、年末に芦名家の亀王丸も夭逝したため、白河家にいた佐竹義広《よしひろ》が芦名家を継ぎ、芦名氏は佐竹氏と一体化した。

天正十六年閏五月、相馬方についた小手森城主石川弾正が相馬義胤を塩松から田村領へ引き入れ、義胤は叔母である清顕後室への挨拶と称して、少数の兵を率いて三春城乗っ取りを企てた。しかし、田村月斎や橋本刑部らの機転により、城の中腹で相馬勢を押し返し、義胤は一旦船引城に逃れるが、石川弾正を制するために出陣した伊達勢の追撃に遭い、命からがら小高《おだか》へ逃げ落ちることになる。

六月、政宗は佐竹・芦名の連合軍に包囲された郡山城（福島県郡山市）を救援するため郡山に陣を張るが、そこへ大叔母にあたる田村隆顕後室からの手紙が届き、早々に三春へ来て清顕後室らを処分するよう求められる。そこで、和睦後の八月、政宗は三春城に入って田村家中の仕置を行った。まず、相馬義胤を引き入れた清顕後室を田村清康の居城だった船引城へ隠居させると、すでに城下の福聚寺に引き籠っていた田村梅雪斎や清康らを、梅雪斎の居城である小野へ撤退させ

三春城跡に残る戦国時代末期の石積み
（東側帯曲輪附近）

た。代わって三春城には、清顕の弟で大内定綱との戦いで戦死した氏顕の子・孫七郎を入れ、宗顕と名乗らせて未来の田村家当主の名代に据えた。政宗は約一カ月の滞在中に、相馬派の城である石沢館や大倉館を破却し、三春城の縄張りや城下の寺院や門前町を巡って実見するとともに、近郊の鷹野《たかの》に鷹狩りにも出かけている。また、城下や在郷の田村家臣団をはじめ、商工業者や宗教者らと面会するほか、隆顕後室や月斎の屋敷を訪ねて宴を開いたり、城内で贈答儀礼を行ったりすることで、田村家中の支配を固めた。

政宗の南奥羽制覇

翌天正十七年（一五八九）正月、大越顕光や田村梅雪斎らが田村家を離れ、岩城常隆の配下に入った。岩城勢は三月には田村領南東の田原井《たばらい》、神俣《かんまた》城を落とし、相馬勢も北東の岩井沢から常葉《ときわ》城（福島県田村市常葉）へ攻め寄せ、大越から東は反伊達勢力下に入る。四月になると政宗は田村救援として米沢を発ち、まずは芦名方の会津口を叩くが、岩城方へ降った大越顕光が実は政宗に内通していたことが露見し、顕光は岩城に送られ処刑された。五月には政宗は安積郡北西の安子島城、高玉城を落とすと、馬を転じて相馬の北口にあたる駒ヶ嶺・新地蓑頸山城を攻め落とした。これに対して佐竹義重は、須賀川に出陣し、田村領南西の大平《おおだいら》

（現福島県郡山市）城に兵を進めた。六月に入ると、政宗に内通した芦名方の猪苗代弾正により、伊達勢は猪苗代に進攻した。これを迎え撃つために芦名義広も出陣し、五日に摺上原《すりあげはら》で決戦となり、これに勝利した政宗は、十一日には芦名氏の居城だった黒川城（会津若松市）に入城した。

この政宗の大勝利に至る前後、田村領は佐竹連合軍に蹂躙されていた。佐竹勢は大平城、岩城勢は大越城の南西に対峙する門沢《かどさわ》（現福島県田村市船引町）城を、相馬勢が東の拠点城館・常葉城を攻め落とした。三春城からそれぞれの城へは直線距離で、大平が九・一キロメートル、門沢が一一・五キロメートル、常葉が一三・五キロメートルで、多くの支城網を張り巡らすことで形成された三春城の防衛システムも、一族の離反をきっかけに崩壊した。

政宗はその後、八月中に会津を平定し、二階堂盛義の後室で政宗の伯母にあたる大乗院《だいじょういん》が抵抗したため、十月には須賀川城を攻め落とした。これを受けて、十二月までに石川昭光や白河義親も政宗に従い、岩城常隆とも和議が成立し、田村領内の占領地が返還された。このように政宗の南奥羽制覇は、政宗の素早い動向もあるが、田村領に敵の軍勢を止め置いたことで、芦名氏との単独決戦に持ち込めた結果にほかならない。

奥羽仕置と田村家改易

芦名氏を討ち果たした政宗は、愛姫や義姫をはじめとした一族・家中を黒川に呼び寄せ、田村家からも宗顕や橋本刑部らを招いて祝宴を催し、黒川城で天正十八年（一五九〇）の正月を迎えた。しかし、世はすでに豊臣秀吉の時代に変わりつつあり、秀吉は北条氏、さらに伊達政宗を臣従させるため、小田原へ進軍を決め、東日本の大名にも小田原参陣を命じる。熟考の末、秀吉の軍門に下ることを決めた政宗は、家中での反対勢力の台頭を抑えるために弟の小次郎を殺害して参陣するが、会津や岩瀬など近年の占領地を没収され、愛姫も人質として京都へ上ることになる。また、政宗の配下にあった石川昭光、白河義親、田村宗顕へも豊臣政権から参陣命令が届いたが、政宗に止められ参陣しなかったために改易され、石川・白河は新たに会津に入った蒲生氏郷《がもううじさと》の領地に、田村は辛うじて伊達領に残された。この時、秀吉は政宗の近臣で軍師として活躍した片倉小十郎景綱《かたくらこじゅうろうかげつな》に田村を与えようとしたが、景綱が自分は政宗の家臣だからと固辞したため、伊達領になったとも伝わる。そして、このような豊臣政権による奥羽仕置に対する葛西・大崎一揆、翌年の九戸政実《くのへまさざね》の乱などを鎮圧すると、再仕置として伊達家は米沢から旧大崎・葛西領へ移され、旧田村領は蒲生領に加えられた。

白石に移された田村家墓所
（宮城県白石市蔵本勝坂）

この結果、石川・白河両氏は伊達家中で生きる道を選び、田村家旧臣も伊達家が召し抱えることになる。しかし、石川・白河と違って、旧田村領は、豊臣政権ではなく伊達家が接収したため、田村宗顕や田村旧臣の多くは、政宗に騙されたと感じた。このため宗顕は政宗から戴いた「宗」を捨て牛縊《うしくびり》定顕《さだあき》と改名して放浪したほか、多くが在地で帰農するか他の大名に仕える道を選んだ。

その後、奥羽仕置から五十年近くが経ち、政宗が亡くなる寛永十三年（一六三六）頃になると、田村家旧臣の子孫たちも多くが愛姫を頼って伊達家に仕官するようになる。定顕も、片倉景綱の子で白石城主の重綱《しげつな》を頼って白石近郊に移り住み、田村清顕の墓も白石に移した。その後、定顕の子・定広は、景綱の姉で政宗の乳母兼教育係だった喜多の名跡として片倉姓を名乗った。そして、承応二年（一六五三）、愛姫は二代仙台藩主となった嫡男の忠宗に田村家の再興を託して、八十六歳で亡くなった。愛姫は、嫁入り以来、三春に帰ることも親に会うことも許されず、京都の聚楽第《じゅらくてい》の秀吉の元へ移ってからは、伏見、大坂、江戸と渡り、奥羽の地へ足を踏み入れることは一度もなかった。死後、初めて夫が築いた仙台へ入り、松島の瑞巌寺《ずいがんじ》の子院・陽徳院《ようとくいん》に葬られることになる。そして忠宗は、三男の宗良《むねよし》に田村の名跡を継がせ、後にその子の建顕《たつあき》が仙台藩の支藩で三万石の一関に入ると、これが一関《いちのせき》田村家として幕末まで続くことになった。

陽徳院（愛姫）像
（宮城県松島町瑞巌寺蔵）

③

会津領から加藤・松下氏時代

奥州が豊臣・徳川の統一政権の傘下に入ると、三春は蒲生・加藤・松下氏といった大名に治められ、近世的な城と城下町に改変・整備が進められた。

蒲生氏郷の軍団

天正十九年（一五九一）、豊臣政権の奥羽再仕置で、伊達家は米沢から旧葛西・大崎領（岩手県南部から宮城県中部）に移され、旧田村領は蒲生氏郷の会津藩七十三万石（文禄三年の検地で九十二万石）の一部となった。

蒲生家は、近江《おうみ》国蒲生郡（現滋賀県近江八幡市周辺）を支配した豪族で、戦国時代には守護大名・六角《ろっかく》氏の宿老として活躍するが、六角氏が織田信長に敗れると、蒲生賢秀《がもうかたひで》は信長に仕えた。そして、賢秀の子で十三歳の鶴千代《つるちよ》が、岐阜城へ人質に出されると信長の目に留まり、冬姫《ふゆひめ》を娶って信長の婿となったのが後の氏郷である。

本能寺の変では、安土城留守居だった賢秀が、信長一家を自身の居城・日野《ひの》城

蒲生氏郷肖像（西光寺蔵）

（現滋賀県蒲生郡日野町）に連れ出し、氏郷とともに籠城して守った。その後、氏郷は、秀吉の元で伊勢攻略、さらに小牧《こまき》・長久手《ながくて》の戦いで戦功を挙げ、伊勢松坂十二万石を拝領し、九州平定、小田原征伐での活躍により、秀吉から会津四十二万石を与えられ、さらに再仕置で七十三万石に領地を拡大した。

このように蒲生家は古い家柄ではあったが、急速に大大名に成長したため譜代の家臣が少なかった。そこで氏郷は、各地の大名家を渡り歩いた歴戦の武将を多数召し抱え、強力な軍団を編成した。氏郷は、城代衆《じょうだいしゅう》とも呼ばれた武将たちに、およそ郡単位に配した支城を任せ、蒲生姓や知行を分け与えることで彼らの信頼を獲得した。このため、会津藩は、家臣の知行地に対して藩の直轄領（蔵入地）の割合が低く、これが藩政運営の問題として蒲生家を悩まし続けた。

前年の奥羽仕置では、伊達領の南端となった三春城に、政宗の片腕である片倉景綱が入り、対する蒲生領北東端の須賀川城には、伊勢北畠氏の一族で氏郷の娘婿にあたる田丸中務少輔直昌《たまるなかつかさしょうゆうなおまさ》が与力大名★として配置された。

そして、伊達・蒲生両家に葛西・大崎一揆鎮圧が命じられると、直昌は三春城対策として須賀川に留まったが、翌年の九戸征伐は蒲生軍の総力戦となり、直昌も出陣し根反館《ねそりたて》（現岩手県二戸郡一戸町）攻めで活躍した。その後の再仕置で最前線を広げるように、直昌は三春城五万二千石を与えられるが、いつからか居城を守山へ移している。

蒲生氏時代の石垣（本丸裏門跡外）

▼**与力大名**
本来ならば、独立した大名級の家格や実力を持つ者が、主に姻戚の大大名の補佐役に付けられること。当時の蒲生家では、田丸と関一政がこれである。

文禄四年（一五九五）、四十歳の蒲生氏郷が伏見で病死すると、豊臣秀吉は氏郷の子で信長の孫にあたる十三歳の鶴千代（後の秀行）に家督を継がせた。秀吉はこの時、近隣の大名や蒲生家重臣たちに秀行を盛り立てるよう命じるとともに、徳川家康の娘・振姫と婚約させ、家康を後見人に据えた。

しかし、蒲生家の重臣たちは、氏郷の器量に魅かれて集まった武将たちなので、幼い当主に統率できるはずもなく、家中での勢力争いが頻発した。その結果、秀行は慶長三年（一五九八）に宇都宮十二万石に減封され、会津には上杉景勝《うえすぎかげかつ》が百二十万石で入部した。

景勝は秀吉が死去すると、若松城に替わる本城・神指《こうざし》（現福島県会津若松市神指町）城の建設に着手するほか、領内各所の城跡を再整備し、徳川勢との決戦に備えた。そして、上杉軍は伊達・最上勢などとの戦いに善戦したが、関ヶ原での西軍の大敗により敗北が決まり、慶長六年（一六〇一）に米沢三十万石に減じられた。

なお、減封に際して、多くの家臣が蒲生家を離れた。田丸直昌は、秀吉から旧上杉領の信濃海津《かいづ》城★（現長野県長野市）と豊臣姓を賜るが、秀吉の死後は美濃岩村《みのいわむら》（現岐阜県恵那市）に移された。そして、関ヶ原に際しては世にいう小山評定の場で、秀吉恩顧を理由に唯一人西軍への参加を宣言したとも伝わり、直昌の人柄が想像される。戦後は堀秀治に預けられ、福島（現新潟県上越市）で没した。

▼海津城
武田信玄が川中島の戦いの拠点として築城し、田丸氏の後、森忠政の時に松代と改称し、後に真田氏の居城となった。

田丸直昌の墓（新潟県上越市太岩寺）

再封蒲生氏と御家騒動

上杉氏が減封されると、家康の婿にあたる蒲生秀行《ひでゆき》が再度会津を六十万石で拝領した。この間、田村郡の支城は守山に置かれ、三春城は利用されなかった。そして、再封した蒲生家の城代・蒲生源左衛門郷成《げんざえもんさとなり》が時期は不明だが、守山から三春に支城を戻している。

しかし、この郷成は秀行から仕置奉行★に任じられた岡重政《おかしげまさ》と対立し、慶長十四年（一六〇九）に蒲生家を出奔して、藤堂高虎《とうどうたかとら》に仕えた。なお、郷成は、関ヶ原の戦後に一時改易された相馬義胤を、領内の大倉《おおくら》（現福島県田村市船引町）に住まわせ、その復帰後の相馬中村《そうまなかむら》城の築城に際しては、自身が召し抱えていた石工を遣わした可能性が指摘されている。

次に三春に入ったのが蒲生五郎兵衛郷治《さとはる》で、子がなかった郷治に秀行は次男の鶴千代を預けた。そして、三春城四万五千石を一万五千石ずつに分け、郷治分、鶴千代分、侍五十騎分の扶持にしたといい、郷治は秀行から厚い信頼を得ており、詳細は不明だが、藩主の次男が三春城に暮らした可能性がある。

慶長十六年、会津地方は大地震に襲われ、若松城の天守が傾き、盆地のあちこちが洪水になり湖と化したという。その翌十七年に秀行は三十歳で亡くなった。

▼仕置奉行
蒲生家では、藩主に次ぐ筆頭の重臣が就く役職で、若松城下に常駐した。

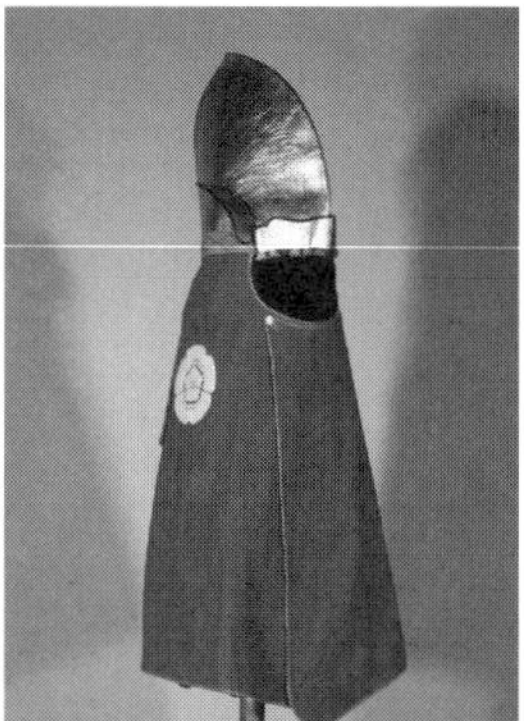

蒲生郷成家に伝わる火事頭巾（福島県立博物館蔵）
織田家の木瓜紋が施される

蒲生郷成の墓（須賀川市長禄寺）

その跡は長男で十一歳の亀千代が、秀行の未亡人・振姫を後見として家督した。そして、弟の鶴千代とともに祖父である徳川家康、伯父の秀忠への拝謁を果たすと、亀千代は松平下野守《しもつけのかみ》忠郷《たださと》、鶴千代は同中務大輔《なかつかさたいふ》忠知《ただとも》として元服した。

同十八年、藩主後見となった振姫《ふりひめ》は、仕置奉行だった岡重政を、父・家康に訴え、重政は駿府で死罪となった。この結果、先の抗争で蒲生家を去った者たちが帰参し、蒲生郷成も翌年帰参することになるが、三春への帰途、須賀川で腫れ物を患って亡くなった。このため、郷成の長男・郷喜《さとよし》が三万石、次男・郷舎《さといえ》が一万五千石で三春城代となる。

しかし、郷喜兄弟は新たな仕置奉行の町野幸和《まちのゆきかず》と争うことになった。そんな蒲生家に対して、幕府は元和元年（一六一五）から断続的に国目付を派遣して家中の監視を強化した。そして、翌二年に家康の採決により、蒲生郷喜・郷舎兄弟は改易され、再度、蒲生郷治が三春に戻った。さらにこの年、家康が没すると、二代将軍徳川秀忠が辣腕を振るい、自身の妹である振姫を紀州藩主浅野長晟《あさのながあきら》に再嫁させることで、蒲生家混乱の一因を取り除いた。

しかし、御家騒動は収まらず、同八年には渡辺次郎右衛門が町野幸和を幕府に訴え、町野は仕置奉行を辞した後、失脚する。これにより、寛永元年（一六二四）に蒲生郷喜兄弟が再度、蒲生家に帰参することになる。

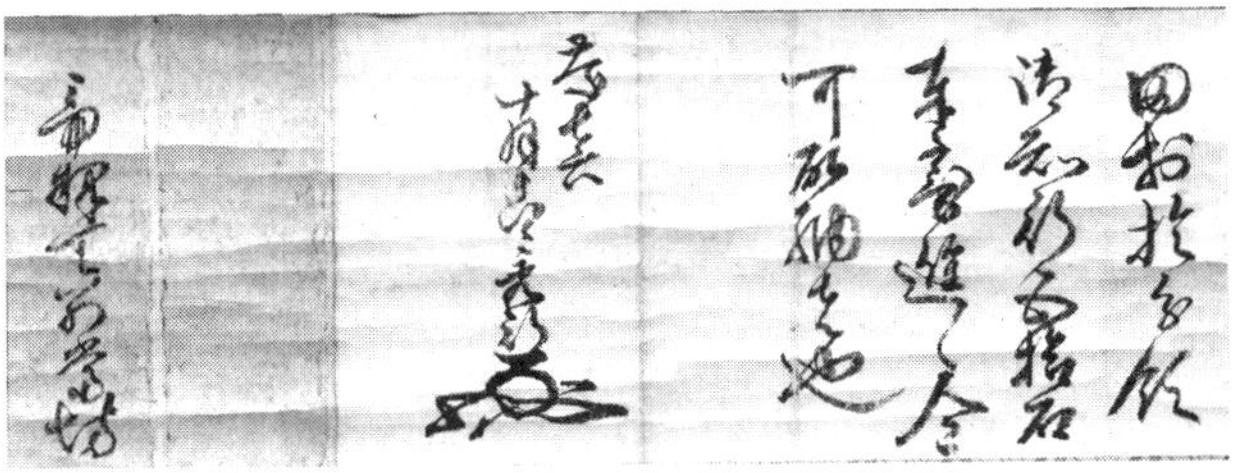
帝釈天宛蒲生秀行寄進状（高木神社蔵）

蒲生家の終末

元和九年（一六二三）、蒲生郷治の元で育てられた蒲生忠知《ただとも》が、従兄弟にあたる徳川家光の将軍宣下に供奉して上洛し、従四位下に補任されるが、病により京都で越年している。そして、寛永三年（一六二六）、松平重忠《まつだいらしげただ》の死去により空いた出羽上山《かみのやま》（現山形県上山市）四万石が、忠知に与えられ分家を興した。しかし、翌四年に忠郷が嫡子を残さずに二十六歳で病死したため、忠知が蒲生本家を継承して伊予松山（現愛媛県松山市）に転封することになる。そこで、育ての親である蒲生郷治が先遣として松山城を受け取るが、郷治はそこで急死して家も絶えた。

さて、蒲生本家の当主となった忠知は、正室に平《たいら》藩主内藤政長《ないとうまさなが》の娘を迎えていた。そして、蒲生郷喜の妻も政長の娘だったため、松山では郷喜が家中トップの座に付き、再び御家騒動の原因になった。

忠知は参勤交代の途中で、俵藤太のムカデ退治伝説が残る瀬田《せた》の唐橋《からはし》（現滋賀県大津市）を通行するため、寛永十年に橋近くにある唐橋竜王宮に蒲生家の祖とする藤原秀郷を祀る秀郷社を遷宮する。しかし、翌年の江戸参勤途中、瀬田を前

蒲生氏系図

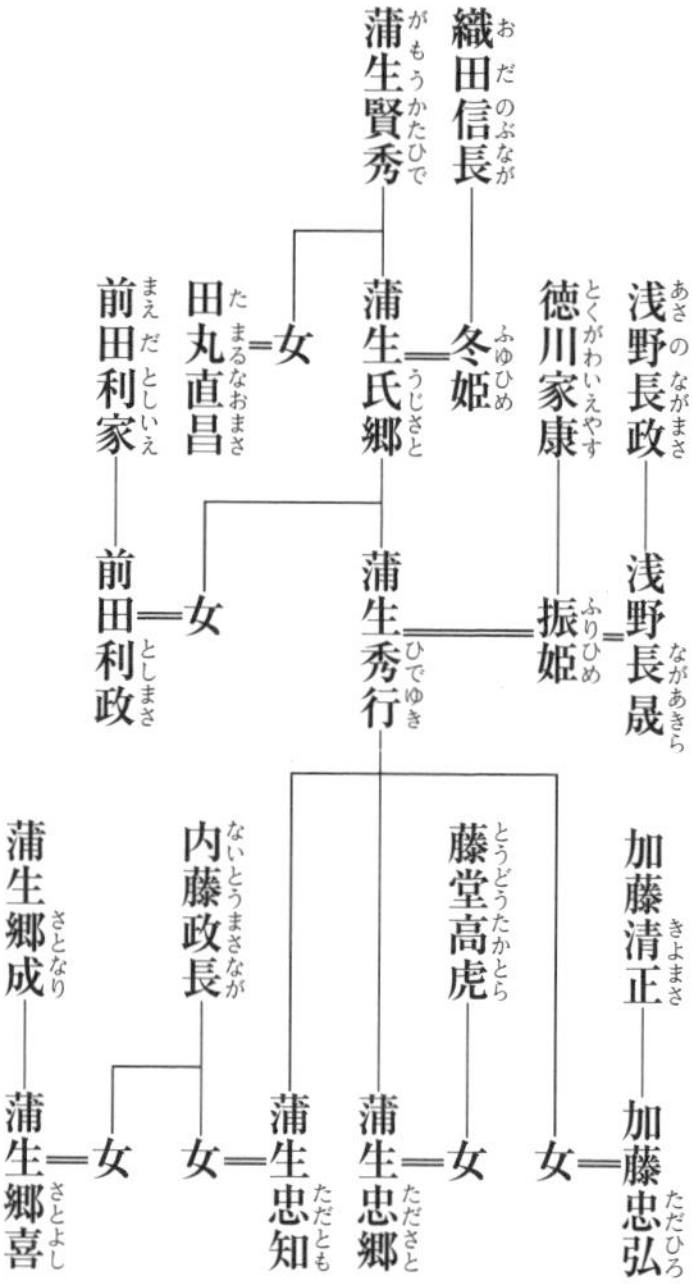

にした京都で三十一歳の忠知は病死したため、ついに名門蒲生家は改易され、家中騒動に終始した大名家が滅んだ。

　このように三春城を預かった城代は、蒲生家中を司る若松の仕置奉行に対抗するとともに、対外的には近隣の大名と対等に付き合うことができる実力者だった。こうした城代たちが、三春城の本丸周囲に石垣が築き、新たな町人地・荒町を割り出し、旧来の城下町の地割なども整備している。また、これまで三春になかった浄土真宗の光善寺《こうぜんじ》、日蓮宗の法華寺《ほっけじ》が開かれたほか、中町の愛宕《あたご》神社は蒲生郷治が京都から勧請したと伝わり、城や城下町の整備が着々と進められた。

加藤・松下氏の時代

　寛永四年（一六二七）、会津には蒲生氏と交代で、伊予松山から加藤嘉明《かとうよしあき》が四十万石で入った。これにより仙道の蒲生領は分割され、白河十万石を棚倉《たなぐら》にいた丹《に》羽《わ》長重《ながしげ》、二本松五万石を嘉明の娘婿にあたる松下重綱《まつしたしげつな》、三春三万石を嘉明の三男・加藤明利《あきとし》が拝領し、重綱と明利は嘉明の与力大名に位置付けられた。

　しかし、重綱が四十九歳で急死したため、翌年、重綱の嫡子長綱が、明利と交代で三春に入ることになる。この交代の理由として、『徳川実記』は長綱が幼稚だったからとしているが、慶長十五年（一六一〇）生まれの長綱はすでに十九歳

松下氏家紋瓦（三春町教育委員会蔵）

加藤・松下氏関係系図

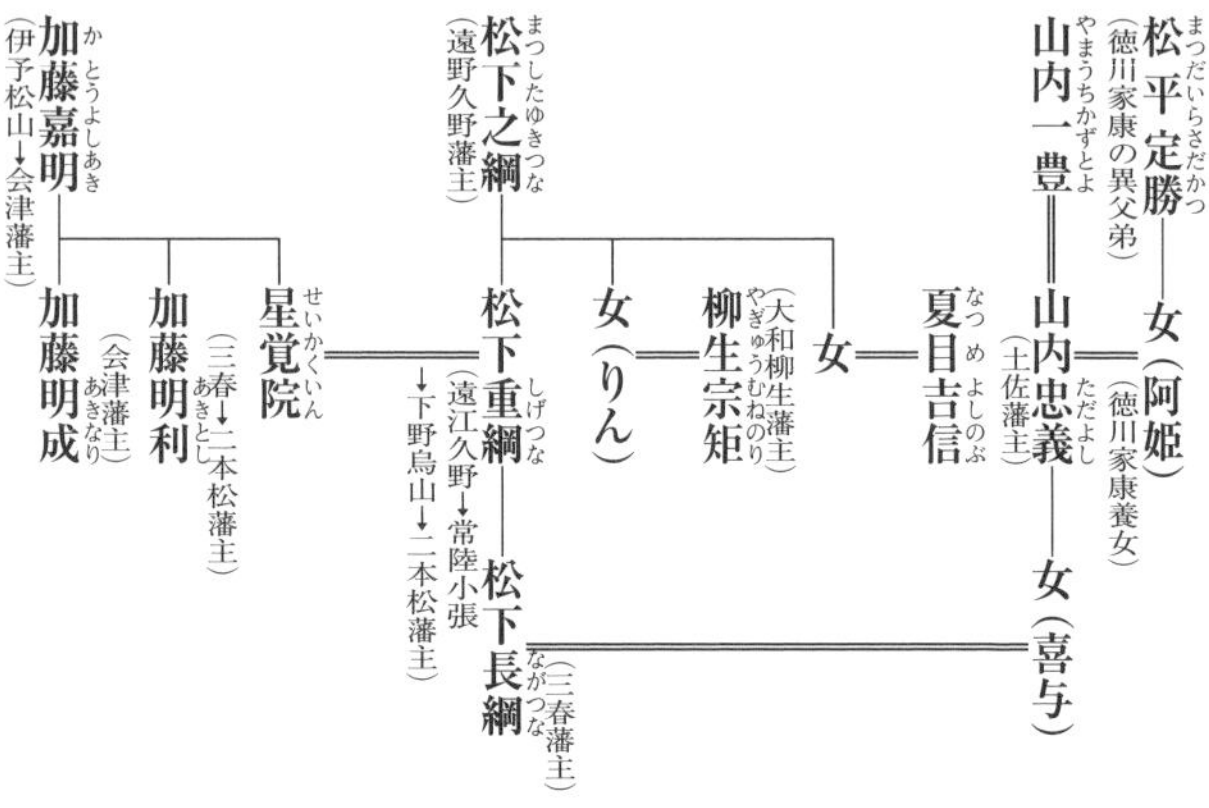

になっていた。長綱はその後、寛永十年に土佐藩主山内忠義《やまうちただよし》の娘・喜与《きよ》と婚姻し、同十三年に従五位下石見守に任じられるが、幕府の公役はほとんど勤めていない。こうした経歴から、長綱には健康上の問題があった可能性がある。

そして、会津藩の重臣・堀主水《ほりもんど》の出奔騒動で、寛永十八年から二十年に会津と二本松の両加藤家が改易され、翌二十一年に松下家も改易となる。これは、舅の山内忠義から長綱が乱心したと幕府へ報告があり、城地を返上して長綱を引き取ったもので、詳しくは不明だが、長綱の刃傷沙汰やキリシタン説もある。

松下氏は、近江佐々木氏の一族で、重綱の父・加兵衛之綱《かべえゆきつな》が遠江頭陀寺《とおとうみずだじ》（現静岡県浜松市）城主だった時に、豊臣秀吉が初めて仕えた主人といわれる。この縁から之綱は、小田原征伐後に秀吉から久野城《くの》（現静岡県袋井市）一万六千石を与え

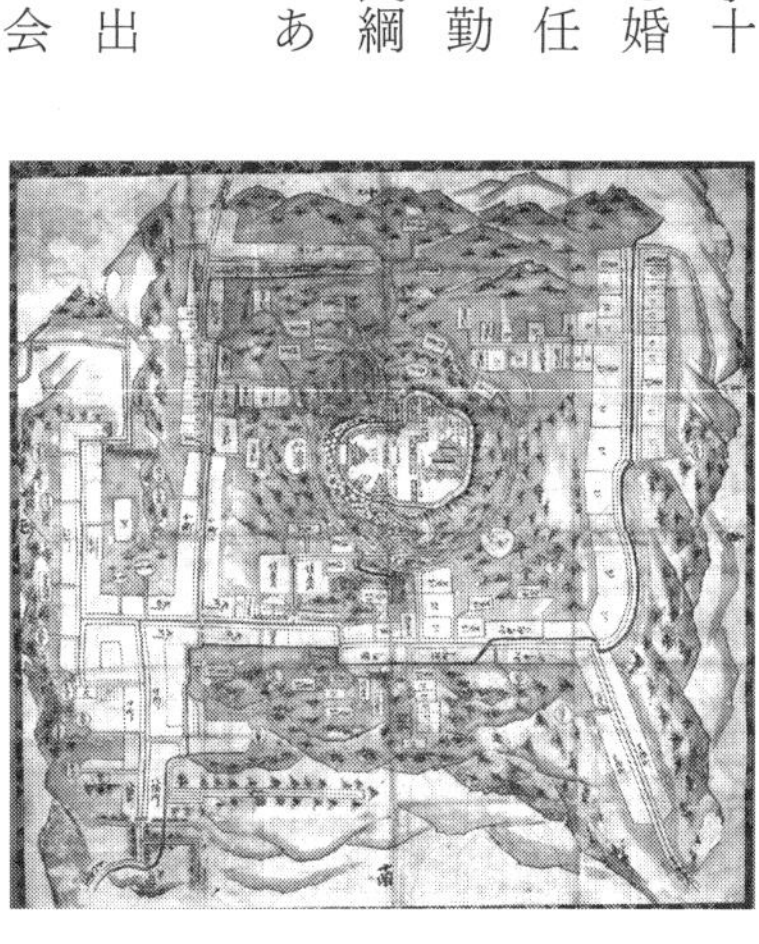
松下氏時代三春城下絵図（個人蔵）

松下家墓所（州伝寺）

られ、重綱の代に常陸小張《おばり》（現茨城県つくばみらい市）、下野烏山《しもつけからすやま》（現栃木県那須烏山市）、そして二本松へと転封した。

松下氏時代の三春を描いたとされる絵図が伝わっており、この頃までに城と城下町がおおよそ整備されたことがわかる。三春城本丸跡からは松下氏の家紋「丸に四ツ目結紋」が施された鬼瓦が出土し、それより古い瓦がないことから、近世城郭を象徴する主要な建物は松下氏の時代に建築されたと考えられる。また、それまで三春城主要部の縄張りは北を向いていたものを、表門と裏門を替えて南向きに変える大改造も行ったようである。そして、之綱の法名「天翁長珊《てんおうちょうさん》」と重綱の「州伝院《しゅうでんいん》」に因んだ菩提寺「天翁山州伝寺《てんおうさんしゅうでんじ》」を二本松から三春に移し、そこに重綱と長綱、その子・豊綱三代の墓所が営まれた。ほかに加藤嘉明の娘である長綱の母・星覚院《せいかくいん》が眠る正覚山光岩寺《しょうかくさんこうがんじ》には、鎌倉時代に九州で製作された阿《あ》弥陀如来《みだにょらい》立像（福島県指定重要文化財）が伝わり、星覚院の念持仏という。

このように、近世初頭の三春は、豊臣・徳川政権に近い人物が代わる代わるに治め、近世的な城と城下町が少しずつ整備されたようである。

阿弥陀如来立像（光岩寺蔵）

星覚院墓所（光岩寺）

これも三春

田村麻呂と田村氏と鶴

　田村地方には、坂上田村麻呂《さかのうえのたむらまろ》にまつわる伝説が多数伝わっている。その一つが、東征に来た坂上苅田麻呂《かりたまろ》が地元の娘・阿口《あく》陀媛《だひめ》と結ばれ、苅田麻呂の帰京後に生れた男児が野に捨てられ、それを二羽の鶴が育て、成長したのが田村麻呂だというもので、これを田村麻呂の子である浄野《きよの》とする話もある。その後、浄野が陸奥に赴任して三春城を築き、三春で亡くなると、守山の泰平寺（大元帥明王）に天靏聖子大禅定門《てんかくせいしだいぜんじょうもん》として葬られた。これを田村氏の祖としたため、三春では鶴の料理が禁じられたという。

　南奥羽の多くの大名は、奥州合戦の恩賞として鎌倉幕府から所領を安堵されたり、室町幕府や鎌倉公方から派遣されたりする由緒をもつ。そんな中で田村氏は書状等で平氏を名乗るが、詳しい由緒は不明である。これに対して、江戸時代に伊達家の分家として再興された田村家（後の一関藩主）は、坂上田村麻呂の子孫と明言し、田村麻呂子孫家が使う車前草紋を家紋としている。

　田村氏が坂上姓を主張するのは、愛姫が伊達家に嫁いでからで、寛永二十一年（一六四四）に瑞巌寺の住職・雲居希膺《うんごきよう》が愛姫に法名を与えた「字説栄庵《じせつえいあん》」には、「征東将軍田村丸之後胤東奥州之平氏清顕公之嫡女」と記されている。これから、当時、田村氏は平氏として知られていたが、仙台藩祖の正室に恥じない由緒として、田村麻呂の子孫と公称したと考えられる。

　そんな中、愛姫の菩提寺・瑞巌寺陽徳院（宮城県松島町）に建つ御霊屋は、左巴紋の装飾で埋め尽くされている。そこには、坂上家の車前草紋も伊達家の竹に雀紋もない。このため、田村家の家紋は左巴紋と当時の人々は認識していたと考えられる。

　さて、この左巴紋は、田村領を継承した蒲生家の家紋でもある。奥羽仕置で秀郷流藤原家の嫡流とされる小山氏が改易され、その分家が蒲生家に仕官する際、同じ秀郷流の氏郷にこれを譲ったといい、その後、蒲生家の主要家紋になった。なお、氏郷の孫で伊予松山藩主となった蒲生忠知は、ムカデ退治伝説を伝える瀬田（滋賀県大津市）龍王宮に秀郷社を建立しており、秀郷流嫡家継承の誇りが感じられる。同様に、先代の田村庄司も秀郷流といい、南北朝末期には小山氏に組みして鎌倉公方に抗しており、同一氏族の結束が窺える。こうしたことから、左巴紋は田村庄司家のもので、田村庄司から田村荘を引き継いだ三春田村氏は、その家紋も継承した可能性がある。

　そして、三春城は「舞鶴城」とも呼ばれている。これは田村義顕が三春に城を移した時、上空を鶴が飛んだので、それを吉兆として名付けられ、近世の追手門を飾っていたとされる鶴の彫刻も伝わる。

　なお、現在の三春に伝わる伝統的な食品「三春三角油揚」や「家伝ゆべし」（饅頭）は、江戸時代に食べることが禁じられた鶴の姿を表しているといい、鶴に対する三春の人々の想いが感じられる。

愛姫と伊達政宗

田村清顕の娘で、伊達政宗の正室・愛姫は、三春の歴史を代表する女性であるが、十二歳で伊達家に嫁ぎ、その後、実家・田村家が改易されたため、三春にはその記録や所縁の品もほとんど伝わっていない。

承応二年（一六五三）に八十六歳で没しているので、政宗より一歳年下の永禄十一年（一五六八）生まれで、名前の読みは「米吾《めご》」と伊達家の記録にある。筆まめな政宗とは対照的に、愛姫は手紙も少なく、多くが侍女の筆による。そんな愛姫と政宗について、真偽のほどは不明なものもあるが、いくつかのエピソードを紹介したい。

伊達政宗は奥羽仕置後、豊臣秀吉の命で葛西・大崎一揆の鎮圧にあたるが、謀反の疑いで上洛を命じられた。この時、すでに京都にいた愛姫は政宗に、「世はまだ乱れており、機会があればやりたいように行動してほしい。私は常に懐剣を持ち、どんな場合も辱めを受けることはないので、私のことは気にしないでほしい」と手紙を送ったという。同じ頃、北政所《きたのまんどころ》の上臈《じょうろう》・孝蔵《こうぞう》主《す》は「愛姫は秀吉や北政所と親しく付き合い、扶持米も受けているので、早々に上洛してこの恩に応えなさい」と政宗に伝えた。また、秀吉の近臣で政宗との取次ぎ役だった和久宗是《わくそうぜ》は、「蒲生氏郷からの政宗逆心の報告により、愛姫たちは偽物ではないかとの噂が立ったが、政宗が送ってよこしたのだから、詮索するなと秀吉が断じた」と政宗に知らせている。

このように政宗は一面では、秀吉の信頼を得て優遇された部分もあったが、実際には一揆の鎮圧、米沢から岩出山への移転、朝鮮への渡海出陣、さらに帰国後も京都に長期駐留するなど、秀吉への忠誠を行動で示す必要があり、それを愛姫が支えた。

その秀吉が慶長三年（一五九八）に亡くなると、政宗は徳川方へ傾き、翌年正月には、今井宗薫《いまいそうくん》の仲立ちで愛姫との第一子である五郎八姫《いろはひめ》と家康の六男・松平忠輝《ただてる》が縁約する。そして、関ヶ原に際しては、奥羽で上杉景勝と戦う政宗に代わって、家康への戦勝祝いの進上と政宗からも使者を送るよう宗薫から愛姫が指示を受けており、愛姫は伊達家の外交にも関わっていた。

慶長八年、愛姫は嫡男の虎菊丸《とらきくまる》（後の忠宗）と江戸へ移り、桜田や愛宕下、芝などの屋敷を転々とするが、亡くなるまで江戸を出ることはなかった。その暮らしについて、政宗の小姓を勤めた木村宇右衛門の覚書が残されている。木村ら近臣は、愛姫を上様、政宗を太守公《たいしゅこう》と呼び、小書院《しょうしょいん》と呼ぶ別々の屋敷で、それぞれの家来や侍女と暮らした。政宗は毎月一日、十五日、二十八日に袴に胴服、節句には裃を着けて、愛姫の小書院を訪れた。愛姫は田村麻呂将軍の末裔なので、座敷正面の畳に四方縁の上茣蓙《じょうござ》、さらに座布団を敷き、政宗は三間ほど下がった縁側近くで四方縁の薄縁に座した。食事も酒も愛姫が先に口を付け、政宗の来訪時は茶の間口で迎え、帰る時は門送りをして一礼後に、名代を遣わした。そして、五郎八姫が松平忠輝の改易により伊達家に帰ると、食事に来るのはよいが夜をともにするのはやめたいと愛姫が提案し、政宗が泊まることはなくなるが、御祝儀と称して毎晩夫婦の床を並べ、御祝いといって年に一度その寝巻を洗濯したという。

　また、伊達家では毎年、正月・五月・九月に将軍へ献上する服など、夥しい量の仕立物があった。愛姫は縫物座敷と呼ばれた大広間の中央正面に座って、童女たちの相手をしながら一人で布地を断ち、大勢の侍女たちを表縫い、裏縫い、綿を入れるなどのグループに分けて作業を統括した。

　さらに火事の時は、纏《まとい》に火がつくまでは防げと奥中に命じて、脱出用の乗り物を茶の間に置き、長刀を側に立たせ、守り刀を持って挟箱に腰を掛けた。普段は美しくおとなしい人だが、こんな時は恐ろしいほどの威光で近寄りがたかったという。

　寛永十二年（一六三五）、政宗は在国中に体調を崩した。翌年四月、政宗は仙台で自身の墓所を経《きょう》ヶ峯《がみね》に定めると出立し、途中日光東照宮を詣でて江戸に上った。迎えに出た忠宗と連れ立って屋敷へ入り、振舞いを受けるが、ろくに食事もできず、徳川家光から休養するよう通知を受ける。日を置いて五月朔日の登城日に家光に拝謁すると、医師の半井驢庵《なからいろあん》を紹介され、翌日診察を受けるが回復はしなかった。

　愛姫は会いに行きたいと何度も伝えるが、政宗は弱った姿を見せたくないと断り続け、二十三日に遺言ともいえる手紙に伽羅《きゃら》と巻物を添えて愛姫に送った。愛姫は再度面会を求めるが、その願いはかなわず二十四日朝に政宗は没した。その日のうちに遺体は江戸を発ち、仙台の経ヶ峯に葬られ、後に瑞鳳殿《ずいほうでん》が建立された。

　政宗の菩提を弔うため、愛姫は髪を落とし陽徳院《ようとくいん》と称した。忠宗が松島の瑞巌寺に招いた雲居希膺《うんごきよう》から仏道成就のための念仏踊り・往生要歌を授かり広めるとともに、雲居の居所として瑞巌寺隣に陽徳院などを開いた。さらに、政宗の甲冑像や自身の木像も作らせている。

　愛姫は、承応二年（一六五三）正月十八日に危篤状態になるが、政宗の月命日まではと耐えしのぎ、二十四日に亡くなった。遺体は六十年ぶりに奥羽の地に帰り、陽徳院に葬られた。その遺言で田村家再興を託された忠宗《ただむね》は、すでに伊達家臣の鈴木家名跡となっていた三男・宗良《むねよし》に田村を名乗らせ、岩ヶ崎（宮城県栗原市）一万石を与えた。その後、岩沼（同県岩沼市）三万石を分知され、宗良の子・建顕《たつあき》が一関（岩手県）に移り、一関藩主田村家となった。

　十二歳で三春を離れた愛姫は、田村家再興を目論み、晩年は各地に離散した田村家旧臣の子孫たちを、伊達家に多数仕官させている。そして、政宗の死から四カ月後、昼間うたた寝をした愛姫は忠宗の側室・房《ふさ》が懐妊する夢を見た。翌年、生まれた亀千代が後の宗良である。その夢を詠んだ自筆の歌が一関田村家に伝わっている。

めてたく（めでたく）めてたく
いろよきはなのゑたをこそみる
（色良き花の枝をこそ見る）
めてたく　めてたく
八月十一日ひる　夢みて

これも三春

三春歳時記

　自然豊かな三春では、季節の変化の中で、様々な伝統行事が継承されている。そうした行事を季節を追って紹介したいが、元々旧暦で行われていた行事を、現在の暦に取り込む際に、元の日取りのままだったり、月遅れにしたり、近年では月の何番目かの日曜日だったりと、変更しているため、季節感も複雑になっている。

　まず、三春の新春は、西方の水かけまつりで始まる。元旦の西方地区で、前年に結婚した若者の家を宿とし、若連のメンバーが集って祝宴を開いた後、大滝根川で身を浄め、小高い岡を駆け上り塩釜神社を詣でる。その後、麓の田んぼの脇にある井戸で、汲み置いた水をかけ合い、それがなくなると田んぼに入って泥水をかけ合うことから、泥かけまつりとも呼ばれる。元々は小正月の若水取りの行事であった。この小正月の頃、三春の家々は色とりどりの団子をミズキの枝に挿した団子挿しで飾られ、地域の神社などでは、正月飾りや古い神札や護符などを焚き上げるどんど焼きが行わ

田村大元神社の長獅子舞

る。そして、正月二日の初売りの後、城下町の最初の市として、十二日（現在は第三日曜日）にだるま市が大町の通りで開かれる。高柴のデコ屋敷で作られる三春だるまは、目のないだるまが一般的となった近代以降も、鋭い眼光で睨みつけるように眼が描かれ、魔除けとしての凄みがある。

　二月には旧暦の正月を迎え、真照寺では節分会や、毘沙門天の護摩焚きをする初寅会が開かれ、昔は初午祭りの太鼓の音があちこちの稲荷社から聞こえたという。

　積雪がなければ、三月には歴史民俗資料館の下の土手が、福寿草で黄色に染まる。十七日は馬頭観音の祭礼で、戦前は産馬農家が馬を連れて参詣に集り、荒町の通りに行列ができたという。また、春の彼岸には墓前に供える花がまだないため、経木状の薄板を赤や黄、緑色に染めて竹串に挿した彼岸花（削り花）で墓地が彩られる。

　四月になると、真照寺裏の湿地で水芭蕉、山田地区などあちこちの里山でカタクリが可憐な花を咲かせる。続いて滝桜をはじめとした桜が開花し、桜色に染まった城

下町や里山で春祭りとなる。八幡神社（八幡町）では長獅子舞が町内を巡る（第三日曜日）。長獅子は、三春独特の大型の獅子舞で、白い幕を張った胴体に十数人の若者が入り、大きな頭と尾の剣を震わせ、神輿の進路を浄めながら進む。人々は無病息災を求めて、獅子に頭を噛んでもらう。八幡町と新町（田村大元神社）、荒町（八雲神社）で継承され、明治以降、旧城下町の鎮守となった三春大神宮の秋祭りでは、新町と荒町が交代で奉納している。これに対して、周辺農村地区に多く伝わる三匹獅子舞は、前に抱えた太鼓を敲きながら男児が舞う鞨鼓獅子舞で、獅子より鹿に近い。

釈迦の誕生を祝う花祭りは、本来四月八日であるが、現在は桜が終わった月遅れに近い五月五日に、町内寺院の連合・和合会が主催して稚児行列が町内を巡る。そして、新緑の頃、以前は中町の本陣商店の軒先で開かれた苗市が、現在は三春ダム近くの三春の里田園生活館の新緑祭として、野菜などの苗が販売される。この頃、三春駒の原料として使われる朴の木が、大きな花を咲かせ、甘い香りを漂わせる。

六月になると三春町の花でもあるサツキの松波が開花する。元々阿武隈山地に自生したサツキだが、白地に紅色が混じる小ぶりな花は、盆栽として人気が高い。

そして、法蔵寺や城山に紫陽花が花開き、旧暦の六月に行われていた神社の夏祭りが、月遅れで七月に催される。代表的なものが三春藩の総鎮守だった旧大元明王社・田村大元神社で、海の日の前の土・日曜日に、長獅子舞と三匹獅子舞が奉納される。そして、江戸時代には大元明王の祭りに長獅子舞を奉納していた八雲神社（旧牛頭天王）は、二十六日が祭日である。胡瓜天王とも呼ばれる八雲神社では、夏の疫病除けとして、胡瓜二本を納めて一本を授かって帰る。また、法蔵寺境内の蓮が開花し、盛りの頃には早朝から観蓮会も催される。歴史民俗資料館の上の土手には山百合が咲き乱れ、むせるほどの香りに包まれる。

八月になると各地区で盆踊りが催され、十五・十六日は大町通りでの盆踊りとなる。二十四日は各所で地蔵盆が行われ、ここでも盆踊りが催された。また、盆の前の十二日に花市が開かれ、仏前に供える花や竹筒を買い求め、十三日は早朝から暗くなるまで墓参りの人々で賑わったものである。

秋祭りは、城下町の三春大神宮が十月の体育の日の前の土・日曜日（以前は一日から三日）に催され、周辺地区の各鎮守では、稲刈りが一段落した主に十一月三日に、三匹獅子舞や太々神楽などが奉納される。そして、十一月には里山も紅葉し、三春大神宮の境内や真照寺の庭などは紅葉の名所で、夜はライトアップされている。

以前は十一月末には初雪が降り、十二月になると、日当たりの悪い場所は根雪となったが、最近は積雪も少なく、水分を多く含んだ春の雪が、真冬にも降るようになった。そして、僧侶たちによる托鉢の掛け声が街中に響き渡ると、年末を迎える。

このような四季折々の伝統行事も、社会情勢や気候の温暖化などにより変化し、失われつつあるものも少なくない。変化を受け入れながらも、その時代ごとの三春の文化を伝えていきたいものである。

第二章 秋田家三春藩の成立

秋田氏の十一代二百二十六年にわたる治世が、東北の山里に新たな文化を築いた。

秋田輝季御霊屋（高乾院秋田家墓所）

①北の斗星・安東秋田氏の系譜

秋田家は、歴史の変わり目ごとに中央政権と争い続けた由緒を持ち、新たに生まれた織田・豊臣・徳川家との縁により、譜代並みに取り立てられた系譜を持つ古い家柄である。

秋田俊季の三春入部

寛永二十一年（一六四四）に松下長綱が改易されると、二本松に前年入ったばかりの丹羽光重《みつしげ》が、安藤重長《あんどうしげなが》の指揮で三春城を受け取り、幕府の代官と、平藩の内藤信照《のぶてる》が在番した。翌正保二年（一六四五）三月に信照は相馬大膳亮義胤《だいぜんのすけよしたね》と交代し、七月十日に、江戸在勤中の常陸宍戸《ししど》（現茨城県笠間市）五万石の藩主・秋田俊季《としすえ》に、三春五万五千石への所替えが言い渡された。

命を受けた俊季は、七月二十八日に宍戸へ帰ると、八月五日に宍戸を発ち、八日朝に三春に入って城と八八カ村を受け取った。命令から一カ月足らずでの引越しであることから、とりあえず主要メンバーが合戦に出陣するように移動し、家族や奉公人たちは後から家財道具などと一緒に引越したと推測される。その後、慶安二年（一六四九）に秋田盛季が二代藩主に就任する際、弟の季久に七カ村五千石を分知し旗本の五千石秋田家を創出するが、この五千石領も主に本藩から派遣される代官が統治した。なお、時代により、端村の独立、併合や分村により村の数は変わるが、将軍の代替わりに際して拝領する朱印状に添えられた領地目録では、江戸時代を通して五千石領と併せて八八カ村に変動はない。

以後、明治四年（一八七一）の廃藩置県に至るまでの二百二十六年間、三春は秋田氏十一代が治めることになる。

日の本将軍の系譜

秋田氏は、本姓を安倍といい、中世に津軽や秋田を治めた安東（安藤）氏の子孫である。俊季の父・実季《さねすえ》が編纂した系譜によれば、摂津国生駒嶽《いこまだけ》（現大阪府東大阪市）を本拠に、大和で神武天皇《じんむてんのう》と戦った長髄彦《ながすねひこ》の兄・安日王《あびおう》（安日彦）を遠祖とする。そして、北へ追われた安日王の子孫が、陸奥国奥六郡《おくろくぐん》（おおよそ現在の岩手県）を拠点に、朝廷に従った蝦夷を治めた俘囚長《ふしゅうのちょう》・安倍氏となり、前九年の役で源頼義《みなもとのよりよし》に安倍貞任《あべのさだとう》が討たれると、その子・高星《たかぼし》が津軽藤崎《ふじさき》（現青森県藤崎町）に逃れ、その子孫が十三湊《とさみなと》（青森県五所川原市）に移って安東を名乗った。

安東氏は、鎌倉幕府将軍の家来である御家人《ごけにん》ではなく、執権の北条氏の家来で

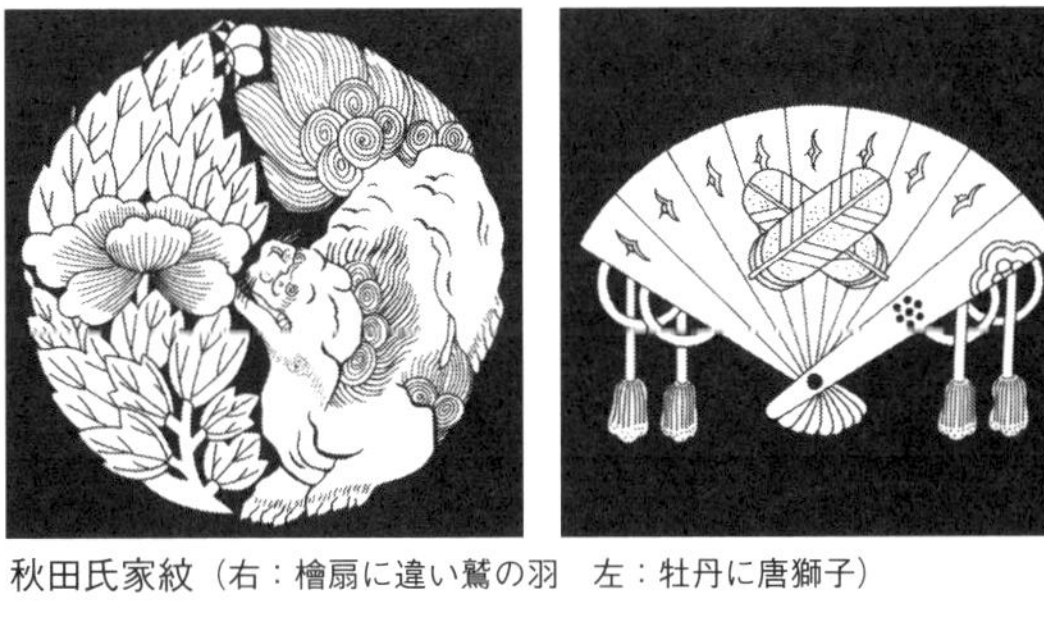

秋田氏家紋（右：檜扇に違い鷲の羽　左：牡丹に唐獅子）

ある御内人《みうちびと》となり、蝦夷沙汰職《えぞさたしき》（蝦夷管領）を授かった。その惣領家は、十三湊や外ヶ浜《そとがはま》（青森市ほか、竜飛岬から夏泊半島）を拠点に北海道南部の太平洋側を治めた。当時、道南の松前を境に日本海側を上国《かみのくに》、太平洋側を下国《しものくに》と呼んだことから下国氏と称し、下国屋形あるいは日の本将軍・東海将軍とも呼ばれた。そして、出羽秋田湊（現秋田県秋田市土崎）に拠点を移した分家が湊《みなと》氏を名乗り、秋田屋形とも呼ばれ、この両屋形がアイヌや朝鮮、中国北東部と、北日本から京都へ至る日本海側の諸都市を結んだ交易を掌握して繁栄したという。

しかし、一族の内紛やアイヌの反乱により、安東氏一族は弱体化し、十五世紀中頃に南部氏の攻撃を受けて下国家は十三湊を放棄した。そして、北海道に逃れたが一度滅亡し、その名跡を継承した分家が後に出羽檜山《ひやま》城（現秋田県能代市）に移った。その後の下国家は檜山屋形とも呼ばれ、湊家当主は古代以来、出羽北部を治める現地長官の職名である秋田城介《あきたじょうのすけ》を自称した。室町幕府での下国家・湊家の位置付けは、東日本を治める鎌倉府の配下ではなく、京都の幕府に直接伺《し》候《こう》する京都扶持衆《ふちしゅう》★に位置付けられ、周囲の国人領主★とは異なる扱いを受けた。

安東愛季と秋田実季

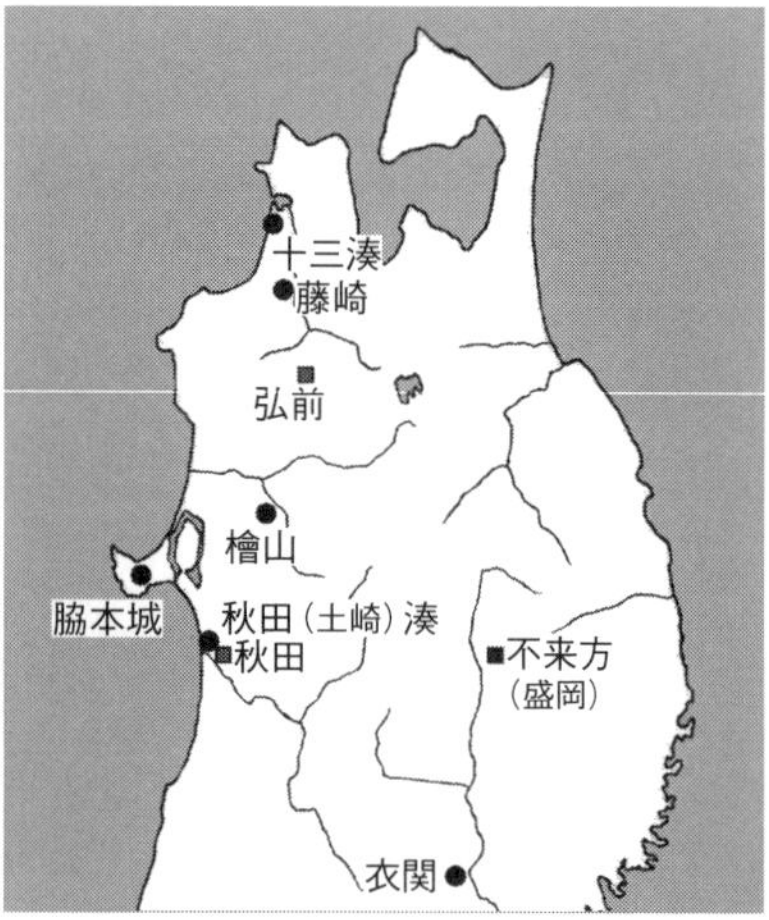

秋田家関係地図

▼京都扶持衆
鎌倉府を抑制する目的で幕府が直接主従関係を結んだ関東・奥羽の有力武士。

▼国人領主
地方で農民層を直接治めていた在地の領主。

戦国時代、檜山の下国舜季《きよすえ》は湊家から夫人を迎え、その間に生まれた愛季《ちかすえ》が天文二十二年（一五五三）に家督を継いで檜山城主になった。そして、嫡子がいなかった湊家に弟の友季、次いで次弟の茂季を送って継承させたが、元亀元年（一五七〇）には茂季を豊島《としま》城（秋田市）に移して湊城を下国家が収め、両安東家を統一する。その後、出羽北部で領地を拡大した愛季は、室町幕府を倒した織田信長と誼《よしみ》を通じて、従五位上侍従《じゅごいのじょうじじゅう》に任じられた。天正五年（一五七七）には小鹿島《おがしま》（現在の男鹿半島・秋田県男鹿市）に巨大な山城・脇本《わきもと》城を築いて居城とし、湊城には嫡子・業季《なりすえ》（天正十二年に死去し、次男・実季が継承する）を置き、愛季はさらなる勢力拡大を図った。しかし、天正十五年、角館《かくのだて》の戸沢盛安《とざわもりやす》との合戦中に仙北《せんぼく》淀川《よどがわ》で急死した。愛季について「斗星《とせい》の北天《ほくてん》に在るにさも似たり」との評が広まっているが、その肖像画に記された前妙心寺《さきのみょうしんじ》住職の物外招播《もつがいしょうは》の讃は、「桓々武《かんかんぶ》烈《れつ》　漂々孤風《ひょうひょうこふう》　望之則俙斗在北《これをのぞめばすなわちきたにあるとをいきし》　就之則彷彿日出東《これにつけばすなわちひがしにいでるひをほうふつす》…」（「とても強く、風のように自由で、北斗星や日の出のようでもある」という意味か）とある。

愛季の急死により、十二歳の実季が安東家を継承したが、これに異を唱える茂季の子・通季《みちすえ》が湊城を攻撃した。そこで、実季は檜山城に逃れ、長い籠城戦を経て勝利を収めたことで、改めて安東家当主の地位を確立する。しかし、すでに中央では織田信長も倒れ、それを継承した豊臣秀吉から、この合戦について私戦の禁止を命じた惣無事違反の疑いをかけられる。このため実季は、京都の政権幹部

安東愛季肖像
（東北大学附属図書館蔵）

に対する工作に尽力したという。

その結果、実季は天正十八年（一五九〇）、小田原攻略後の秀吉に宇都宮で拝謁して、所領のうち五万二千余石が安堵された。この時、残りの二万六千余石が豊臣政権の蔵入地として没収されたが、その管理を実季に委ねられたことで、実質的には旧領全体の支配を継続できた。ただし、臣下であった蠣崎《かきざき》（松前《まつまえ》）慶広《よしひろ》の北海道支配を秀吉が認めたため、安東氏の蝦夷支配権は否定された。

豊臣大名として

実季は翌年、九戸政実の乱制圧に出陣し、鎮圧後は湊城を改修して港湾整備を進めるとともに、豊臣政権による伏見城建設や朝鮮出兵に使う軍船建造のために、大量の秋田杉を伐採・供出した。この時、日本海沿岸の港を経由しては運ばれた大量の木材は「太閤板」とも呼ばれ、実季は政権に貢献するとともに、秋田の林業発展の基盤を築いたという。そして、文禄慶長の役では、朝鮮への前線基地・肥前名護屋《ひぜんなごや》（現佐賀県唐津市）に出陣したほか、京都の伏見にも屋敷を構えた。

また、木材運搬の中継地のひとつで、京都の外港でもある若狭小浜湊《わかさおばま》（現福井県小浜市）にある羽賀寺《はがじ》は、十五世紀に下国康季《やすすえ》が再興した寺院である。文禄四年（一五九五）に実季は、青蓮院尊朝法親王《せいれんいんそんちょうほっしんのう》★の要請により本堂を再建し、「羽賀

▼**青蓮院尊朝法親王**
伏見宮家七代当主の邦輔親王の王子で、出家して青蓮院門跡や天台座主に就いた。

寺縁起」（国指定重要文化財）に後陽成《ごようぜい》天皇が実季の功績を奥書きする名誉を得ており、皇室をも交えた外交を展開するとともに、安東姓を秋田に変えて「秋田城介」の正式叙任を目指した。

こうした実季の働きに対して、秀吉は淀殿《よどどの》の元にいた円光院《えんこういん》を実季の妻に与えた。この円光院は、織田信長の妹・お犬《いぬ》（霊光院《れいこういん》）と室町幕府で代々管領職を務めた細川京兆《ほそかわけいちょう》家の細川昭元《ほそかわあきもと》との間に生まれた娘で、天正十年（一五八二）に霊光院が亡くなると、同じく信長の妹・お市《いち》の娘で従姉妹にあたる淀殿の元で養育されていたようである。そして、慶長三年（一五九八）に京都で嫡男・俊季が誕生した。俊季は円光院の血脈により、豊臣秀頼や徳川家光の又従兄弟にあたり、この血縁がその後の秋田家の命運に関わってくる。

実季と俊季

慶長五年（一六〇〇）、関ヶ原の戦に関連する出羽の合戦で、実季は徳川方として行動するが、最上義光との確執から徳川家康の評価が得られず、佐竹氏減封の煽りを受ける形で、常陸宍戸五万石へ移された。関東移封は恩賞とも言えるが、住み慣れた故郷を離れ、実質的な領地であった蔵入地分も削られた実季は、姓を「伊駒《いこま》」に改めた。伊駒は、秋田家の祖とする安日王らが暮らした地であり、神

円光院肖像（高乾院蔵）

秋田実季・俊季周辺系図

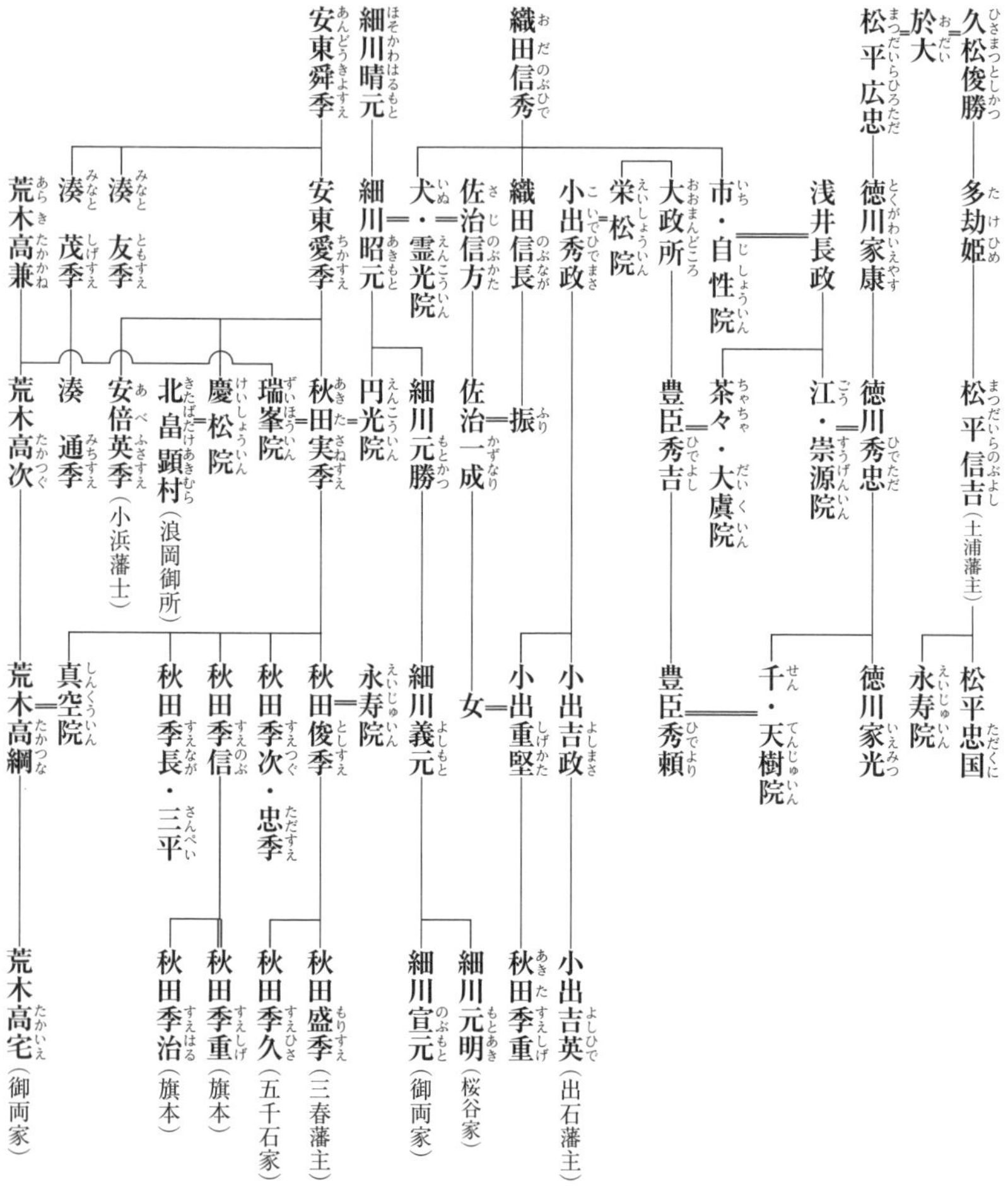
久松俊勝《ひさまつとしかつ》
於大《おだい》
松平広忠《まつだいらひろただ》
織田信秀《おだのぶひで》
細川晴元《ほそかわはるもと》
安東舜季《あんどうきよすえ》
多劫姫《たけひめ》
徳川家康《とくがわいえやす》
浅井長政
市《いち》・自性院《じしょういん》
大政所《おおまんどころ》
栄松院《えいしょういん》
小出秀政《こいでひでまさ》
織田信長《のぶなが》
佐治信方《さじのぶかた》
犬《いぬ》・霊光院《えんこういん》
細川昭元《あきもと》
安東愛季《ちかすえ》
湊《みなと》友季《ともすえ》
湊《みなと》茂季《しげすえ》
荒木高兼《あらきたかかね》
松平信吉《まつだいらのぶよし》（土浦藩主）
徳川秀忠《ひでただ》
江《ごう》・崇源院《すうげんいん》
茶々《ちゃちゃ》・大虞院《だいくいん》
豊臣秀吉《ひでよし》
振《ふり》
佐治一成《かずなり》
細川元勝《もとかつ》
円光院《えんこういん》
秋田実季《あきたさねすえ》
瑞峯院《ずいほういん》
慶松院《けいしょういん》
北畠顕村《きたばたけあきむら》（浪岡御所）
安倍英季《あべふさすえ》（小浜藩士）
湊通季《みちすえ》
荒木高次《たかつぐ》
松平忠国《ただくに》
永寿院《えいじゅいん》
徳川家光《いえみつ》
千《せん》・天樹院《てんじゅいん》
豊臣秀頼《ひでより》
小出吉政《よしまさ》
小出重堅《しげかた》
女
細川義元《よしもと》
永寿院《えいじゅいん》
秋田俊季《としすえ》
秋田季次《すえつぐ》・忠季《ただすえ》
秋田季信《すえのぶ》
秋田季長《すえなが》・三平《さんぺい》
真空院《しんくういん》
荒木高綱《たかつな》
小出吉英《よしひで》（出石藩主）
秋田季重《あきたすえしげ》
細川元明《もとあき》（桜谷家）
細川宣元《のぶもと》（御両家）
秋田盛季《もりすえ》（三春藩主）
秋田季久《すえひさ》（五千石家）
秋田季重《すえしげ》（旗本）
秋田季治《すえはる》（旗本）
荒木高宅《たかいえ》（御両家）

武天皇に敗れ北へ追われた先祖と、その後、代々の苦労により豊かになった北の大地を再び奪われた悔しさを戒めた改名と想像される。そして、実季は同十六年にようやく従五位下秋田城介に叙任され、改めて姓を秋田に戻している。

　慶長十九年の大坂冬の陣で、十二月七日に実季は茶臼山の本陣へ十七歳になった俊季を連れて家康に拝謁し、翌年正月二十六日に俊季が従五位下伊豆守に任じられた。そして、五月七日の夏の陣の決戦で、秋田勢は本多《ほんだ》忠朝《ただとも》の組に属し、天《てん》王寺《のうじ》口で毛利《もうり》勝永《かつなが》らに大敗を喫するものの、その奮戦に対しては一定の評価を得ることができた。

　翌元和二年（一六一六）四月に家康が没すると、その墓所として日光に東照宮を建設することになる。俊季は七月から日光山普請に従事し、翌三年には完成した日光への徳川秀忠の参詣と、続いて実施された秀忠の上洛に御供した。同五年、俊季が伊豆守から河内守に改めると、弟の季次は従五位下長門守に任じられ、秀忠に近侍する小姓として五〇〇俵を賜り、後に秀忠から一字を賜って忠季《ただすえ》と名乗った。そして、同九年には、もう一人の弟・季信《すえのぶ》が従五位下隼人正《はやとのかみ》に任じられるが、翌寛永元年に小姓組頭だった忠季が、江戸城内で同僚の弓気多《ゆげた》七之助《しちのすけ》に殺害されてしまう。こうした中、俊季は徳川家一門で常陸土浦藩主（三万五千石）松平信吉《のぶよし》の娘（永寿院《えいじゅいん》）と婚姻し、元和六年に嫡男・盛季《もりすえ》が宍戸で生まれた。

　その後、俊季は寛永七年（一六三〇）までに、秀忠・家光の上洛と日光社参に三度ずつ御供し、寛永元年には大坂加番★を命じられ、玉造口《たまつくり》を警備した。ほかに日光山と江戸城の石垣・堀の普請を二回ずつ勤めるが、その間、当主である実季は、ほとんど宍戸に籠っていたようである。このため幕府は、寛永七年の暮に実季を江戸へ召喚し、翌年正月に領地を召し上げ、伊勢朝熊《あさま》（現三重県伊勢市）への流罪を言い渡した。これにより、実季は万治二年（一六五九）に八十四歳で亡くなるまで約三十年間、朝熊の永松寺《えいしょうじ》で蟄居生活を送ることになる。

普通であれば、この段階で秋田家は改易となるところだが、幕府に対する貢献が認められたのか、俊季が新たに宍戸五万石を拝領する形で継承した。年末に俊季も宍戸から急に召し出され、正月二日の幕府正月儀式に参加すると、十七日に将軍の社参に供奉し、二月二十六日には実季の跡式拝命のお礼に登城して家光と秀忠に拝謁し、三月十七日にも将軍社参に供奉している。

三春転封へ

翌寛永九年（一六三二）正月に徳川秀忠が没すると、俊季は秀忠の墓所となる増上寺の警備を桑名藩主松平定行と一カ月間勤め、秀忠の遺物として銀五〇〇枚、御書院番の季信は小判五〇〇両を賜った。また、七月の台徳院殿《たいとくいんでん》（秀忠）御堂供養では、四足御門外に列した旗本として秋田季信《すえのぶ》の名が挙げられており、円光院の

▼大坂加番
大坂の陣で豊臣家が滅び、重要な拠点城郭である大坂城を、一年交代で主に譜代の小大名が四家で勤めた城番役。

高野山の秋田家墓所（高野山奥の院）
俊季夫妻と４代藩主までの石塔が並ぶ

子である俊季・季信兄弟が、秀忠・家光父子に近しく仕えたことが想像できる。

俊季は、この年の四月に家光の東照宮十七周忌社参に供奉した後、駿府加番（現静岡県静岡市）に派遣される。これは家光との将軍職争いに敗れた家光の弟徳川忠長《ただなが》が、度重なる異常な行動を理由に家光から蟄居を命じられていたが、庇護者であった父・秀忠が亡くなると改易され、駿府藩五十五万石が収公されたためで、俊季は十一月から翌年三月まで上総佐貫《かずささぬき》藩主松平忠重《ただしげ》、常陸麻生《あそう》藩主新庄《しんじょう》直好《なおよし》と城番を勤めた。

なお、二歳年上の家光より容姿・才覚ともに優れ、大叔父にあたる織田信長に似ていたことから両親である秀忠・崇源院《すうげんいん》（江《ごう》）の愛情を一身に受けて育ったといわれる忠長だが、幼少時には俊季の弟の季長が小姓を勤めた。さらに、改易に際しては、忠長の傅役《もりやく》だった内藤政吉《ないとうまさよし》を同十七年まで秋田家で預かり、高崎藩主安藤重長に預けられた忠長の女官が正保二年（一六四五）に亡くなると、季信が検使として派遣されるなど、忠長と秋田家は関わりが深い。

同十一年の家光上洛には季信だけが御供し、俊季は留守の江戸で平河門番を勤めたのち、増上寺の普請を拝命する。しかし、普請中に日光の今市御殿の普請を命じられ、八月に増上寺から移動して九月まで日光普請を勤めた。同十三年には上総久留里藩主土屋利直らと大坂加番（京橋口）、翌年八月に江戸へ戻ると新たに江戸の消防制度として設立された大名火消の火消番を命じられ、さらに十一月には江戸へ参府した勅使など公家を接待する饗応役として鷹司殿《たかつかさどの》の御馳走役《ごちそうやく》★を勤め、同十六年には河内丹南《かわちたんなん》藩主高木正弘《たかぎまさひろ》と再び駿府加番に派遣された。そして、同十八年末には、嫡男盛季《もりすえ》が従五位下安房守《あわのかみ》に叙任され、翌十九年二月の竹千代《たけちよ》君（後の徳川家綱《とくがわいえつな》）の宮参り行列に盛季と俊季が、四月の日光社参には季信が供奉している。この頃、譜代大名の参勤交代の割り当てが定まり、俊季はこの六月から宍戸に就封し、翌二十年六月に江戸へ参勤すると、八月から下野黒羽《しもつけくろばね》藩主大《おお》関《ぜき》高増《たかます》や旗本の植村泰朝《うえむらやすとも》らと大坂加番で、山里丸《やまざとまる》の番を一年間勤めた。

そして、正保二年に江戸で火消番を勤めていた俊季は、五千石の加増での三春転封を命じられた。すぐに宍戸へ帰って三春に移ると、同四年二月に初めて三春から江戸へ参勤し、この時から綿百把《ぱ》と馬代の黄金を幕府に献上し、老中や諸役人、女中へ土産を持参する慣習とした。四月になると、播磨赤穂藩主浅野長直《ながなお》、丹波山家《たんばやまが》藩主谷衛政《たにもりまさ》、丹後峰山《たんごみねやま》藩主京極高通《きょうごくたかみち》、常陸麻生藩主新庄直好と江戸参向の公卿饗応役を命じられ、秋田家は鷹司房輔《ふさすけ》の御馳走役を勤めた。六月には浅野長直、豊後《ぶんご》杵築藩《きつきはん》主松平英親《ひでちか》と火消番を勤める。その後、俊季は体調を崩したのか、翌慶安元年（一六四八）正月に伊豆熱海へ湯治に行く。その後、四月朔日《ついたち》の登城日には、病気でしばらく登城できなかった病後衆《びょうごしゅう》として備後福山藩主水野勝俊らとともに家光に拝謁すると、三日には、東照宮三十年忌で徳川家光・家綱父子が日光に参詣するため、三河西尾《みかわにしお》藩主井伊直好《いいなおよし》と日光稲荷川《いなりがわ》の火の番を命

▼御馳走役
江戸へ参府した勅使など公家を接待する。

じられ五月まで勤めた。その後、八月からは常陸土浦藩主西尾忠昭《にしおただあきら》（忠照とも称すが、徳川実記の記事で忠昭）、安房東条《とうじょう》藩主西郷延員《さいごうのぶかず》らと大坂加番（市正丸《いちのかみまる》）に派遣された。

こうした激務により俊季は年末に大坂で病となり、嫡男盛季が看病のため十二月二十四日に江戸を発つが、翌二年（一六四九）一月三日に大坂城中で没した（享年五十二歳）。六日に大坂に着いた盛季は、二月に相馬大膳亮義胤と交代するまで代番を勤め、三月に江戸へ帰った。そして、五月十四日に弟の季久《すえひさ》に五千石を分知して家督相続し、七月に初めて三春に入国した。なお、俊季の遺骸は、大坂寺町の大仙寺で火葬され、中山道を三春へ下り、湊福寺《そうふくじ》（後の高乾院《こうけんいん》）に葬られた。

秋田氏系図（初代～六代）

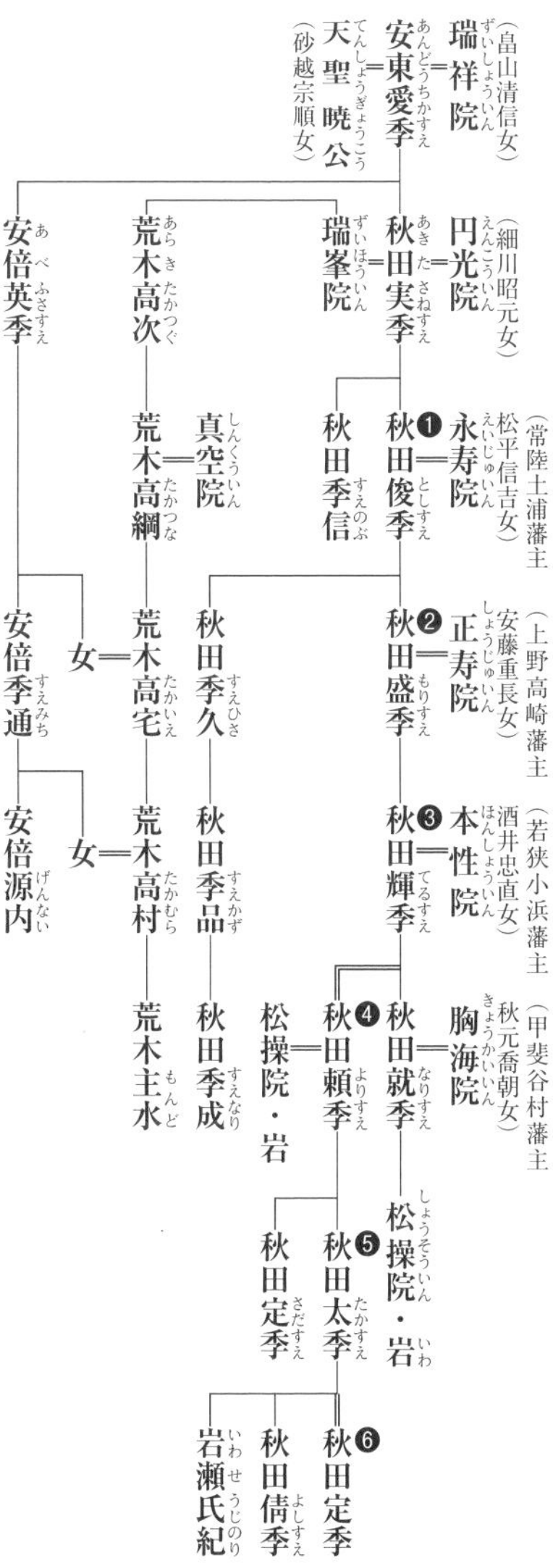

（丸数字は、藩主代数、七代以降は157ページ参照）

このように大坂の陣により長かった戦乱の世が終わり泰平の世を迎えたいわゆる元和偃武《げんなえんぶ》後、秋田家は俊季のほか、秀忠に仕え一字拝領した忠季《ただすえ》（季次《すえつぐ》）、秀忠・家光に近侍した季信《すえのぶ》、さらに忠長の小姓を勤めた季長《すえなが》など、徳川将軍家と密接な関係を保っていたことがわかる。この要因として、秀忠の正室崇源院（江）と実季の正室円光院が従姉妹であることと、幕府への忠誠を体現した俊季の功績が挙げられ、これにより秋田家が譜代並大名の地位を獲得できたと考えられる。こうした中で、戦国の気風が抜けない実季は、幕府にとっても秋田家にとっても、すでに邪魔者であったのかもしれない。

藩主歴代

このように、秋田家三春藩は、初代俊季（伊豆守、河内守）から二代盛季（安房守）への継承時に五千石を分知し五万石となった。そして、盛季も延宝四年（一六七六）正月に加番中の大坂城で、嫡男輝季に看取られて五十七歳で亡くなった。次の三代輝季（信濃守）は、正徳五年（一七一五）に嫡子・就季《なりすえ》（伊豆守）が

正室	院号
陸土浦藩主松平信吉女	真如院
野高崎藩主安藤重長女	陽雲院
狭小浜藩主酒井忠直女	乾元院
斐谷村藩主秋元喬知女	大通院
田就季娘	廣運院
濃上田藩主松平忠愛女 縁約のみ）	天稟院
	恭徳院
河吉田藩主松平信礼女、 騨郡上藩主青山幸道女	建徳院
総関宿藩主久世廣誉女	大仰院
田季周女	大雄院
幡鳥取藩主池田斉訓女	瑞秀院
佐新田藩主山内豊福女	瑞雲院

四十五歳で亡くなると、重臣の荒木《あらき》高村《たかむら》の実子である頼季《よりすえ》を養子に迎え、同年末に隠居し、享保五年（一七二〇）に七十二歳で死去した。この四代頼季（主水正、信濃守）は、寛保三年（一七四三）に四十八歳で亡くなり、嫡子・延季《のぶすえ》が五代藩主に就いた。しかし、延季（河内守）は病気のため、寛延四年（一七五一）に三十三歳で弟の定季《さだすえ》を養子にする。そして、翌年隠居して山城守太季《たかすえ》と改名し、安永二年（一七七三）に五十六歳で亡くなるまで長い隠居生活を送る。これに対して、六代定季（主水正）は、宝暦七年（一七五七）に三十二歳で病死してしまう。定季は死を前に、太季の子で七歳の千季《ゆきすえ》を養子とした。七代千季（信濃守、山城守）は後に倩季《よしすえ》と改め、寛政九年（一七九七）に四十七歳で隠居し、文化十年（一八一

歴代藩主一覧表

	名前	生誕	実	出生地	幼名（隠居後）	家督	致仕	死去	享年	官名
初代	俊季	1598		京都	太郎	1631		1649	52	伊豆守（1615） 河内守（1619）
2代	盛季	1620		宍戸	久松、左近	1649		1676	57	安房守（1641）
3代	輝季	1649		江戸	万吉、大蔵	1676	1715	1720	72	信濃守（1662）
	廣季・就季	1671		江戸	万千代、大蔵			1715	45	伊豆守（1685）
4代	頼季	1696	1697	三春	主水、季侶	1715		1743	48	主水正（1715） 信濃守（1721）
5代	治季・延季・太季	1718	1721	三春	民部、東太郎、（扇裏）	1743	1751	1773	56	河内守（1735）、 山城守（1753）
6代	定季	1726	1729	三春	冨三郎、季陣	1751		1757	32	主水正（1750）
7代	千季・倩季	1751		三春	乙之助、東太郎、（英翁）	1757	1797	1813	63	信濃守（1767）、山城 （1795）、信濃守（1797
8代	謐季・長季	1776	1778	三春	乙之助、大炊	1797	1803	1811	36	大炊頭（1793）、河内 （1795）、信濃守（1797
9代	孝季	1786		三春	万之助、季孝	1803	1832	1844	59	山城守（1803）、主水 （1843）、伊予守（1844
10代	邦季・肥季・熹季	1810	1812	三春	万之助	1832		1865	56	信濃守（1829） 安房守（1841）
11代	映季	1856	1858	三春	万之助	1865	1871	1907	52	信濃守（1868）

三）に六十三歳で亡くなった。そして、倩季の嫡男謐季《やすすえ》（大炊頭、河内守、信濃守）が八代藩主に就くが、享和元年（一八〇一）の三春在封中に大病となる。このため同三年に弟・孝季《のりすえ》を養子とし、二十六歳で隠居して長季《つねすえ》と名乗り、文化八年（一八一一）に三十六歳で没した。九代孝季（山城守）は、天保三年（一八三二）に四十七歳で隠居した後、主水正、伊予守と改め、弘化元年（一八四四）に五十九歳で亡くなる。孝季の嫡男肥季《ともすえ》（信濃守、安房守）は二十歳で十代藩主となり、後に熈季《ひろすえ》と改め、慶応元年（一八六五）に五十六歳で急死した。このため、八歳の嫡子・万之助《まんのすけ》が十一代藩主に就き、戊辰戦争を乗り切ると、明治元年に改めて映季《あきすえ》と名乗り信濃守に任じられた。なお幼少にして家督相続する場合は、実年齢より何歳か上で幕府に報告することが多く、ここでの享年は公式の年齢を記した。

以上のように三春藩主秋田氏は十一代続き、官位は従五位下に固定され、江戸城での詰間は帝鑑《ていかん》の間で、譜代並みの扱いだった。二代までは大坂・駿府加番、三代は越後高田城番など大きな軍役があったが、四代以降は江戸城の門番や火消番といった公役が中心となる。また、五代以降は若くして亡くなったり隠居したりする藩主が相次ぎ、それにより幕府内での位置付けが低くなったようである。

2

秋田家三春藩の様相

高冷な阿武隈高地を領域とする三春藩は、
大河もなく起伏の多い領内の交通網を整備し、
領域北西の狭隘な谷間・三春を拠点に藩領を治めた。

三春藩領の位置と周囲の藩

秋田家が拝領した三春藩五万五千石は、松下氏の旧領で三春城付と呼ばれた約三万石と、会津藩加藤家の領地だった幕府直轄領約二万五千石から成り、その範囲は旧田村郡の三分の二程度と、田村清顕夫人の化粧領といわれる旧標葉郡の四カ村である。三春城付は、主に三春城下周辺から南側の四八カ村である。そして、北部の幕府領のうち東側の約二万二千七百石、三八カ村が白河藩松平（榊原）家、西側の約二千二百七十石、二カ村が二本松藩丹羽家に預けられていた。

秋田家三春藩の成立により、田村郡は北辺から東辺が三春藩領となり、西側の阿武隈川添いに二本松藩の預り、南側に白河藩預りの幕府領が残った。このうち二本松藩の預り地は、元禄十三年（一七〇〇）に水戸徳川家の分家・松平頼貞《よりさだ》が拝領して、守山藩が誕生する。南側の幕府領は時期によって分割され変動するが、越後高田藩や常陸笠間藩の飛び地などが成立する。

この結果、三春藩に隣接する藩は、北側の安達郡が二本松藩、北東の旧標葉郡が相馬中村藩、東の旧楢葉郡が棚倉藩、南東の旧磐前郡が平藩で、残りの田村郡のうち、西側は守山藩、南側は幕府領が分割される地域となった。なお、相馬中村藩は、相馬が藩主の姓で、中村が本拠地の地名であるため（相馬という地名はない）、本来は中村藩で、他の中村藩と区別するため陸奥中村藩と呼ぶべきだろうが、一般的に相馬藩と呼ぶことが多く、本書では相馬藩と呼ぶ。

領内の標高と気候

三春藩領を特徴付けるのは、領域の大部分が高冷な阿武隈高地に位置することである。仙道（福島県中通り）の主な都市のおおよその標高は、北の福島城下が最も低い六五メートル、二本松城下が二〇五メートル、郡山宿で二三〇メートル、南の白河城下では三六〇メートル前後と、阿武隈川を南へさかのぼるにつれて高くなる。これに対して三春は、城下中心部で約三一〇メートル、三春城本丸の最高所で四〇七・五メートルと白河に近似する。領内の拠点的な集落では、船引（現福島県田村市）が四一〇メートル、常葉（田村市）が四四〇メートル、岩井沢（田村市）や葛尾（双葉郡葛尾村）が四六〇メートルと高く、山岳部では移ヶ岳が九九四メートル、双葉郡境の大滝根山では一一九二メートルとなる。

さて、こうした標高の高さがどの程度気温に影響しているか、観測地が限られるが、二〇一〇年から二〇一九年の十年間の観測データから見たい。三春城下（三春町役場）の一月の平均気温はマイナス〇・四度で、八月の平均気温が二四・二度、十年間の最低気温がマイナス一一度、最高気温が三七度である。これを約二百キロメートル南の東京と比較すると、一月の平均が六度、八月の平均が四度、最低で七度、最高で二度ほど三春城下が低い。

このような三春城下から約七・五キロメートル東で、標高が一〇〇メートル高い船引では、一月と八月の平均気温がちょうど〇・五度ずつ低く、最低・最高気温とも二度ほど低い。ほかに領内の高所では観測値がないため、約三三キロメートル北東で標高が約一五〇メートル高い相馬郡飯舘村を見てみると、一月・八月の平均気温は三春より一度程度、最低気温は七度低いが、最高気温はあまり変わらない。

三春周辺の標高と気温

	三春	310m	船引	421m	郡山	249m	飯舘	463m	東京	25m
年	1月平均	8月平均	1月平均	8月平均	1月平均	8月平均	1月平均	8月平均	1月平均	8月平均
2010	1.0	26.3	0.2	25.7	1.4	26.8	−0.2	25.4	7.0	29.6
2011	−1.1	24.0	−2.1	23.3	−0.6	24.5	−0.3	22.5	5.1	27.5
2012	−1.7	26.6	−2.5	24.6	−1.0	26.1	−3.0	23.9	4.8	29.1
2013	−1.5	23.1	−2.1	23.9	−0.5	25.0	−2.8	23.1	5.5	29.2
2014	−0.2	22.8	−0.8	23.0	0.5	23.9	−1.4	22.3	6.3	27.7
2015	0.0	22.9	−0.3	22.4	1.0	23.3	−0.6	23.0	5.8	26.7
2016	0.7	24.0	0.4	23.4	1.8	24.8	−0.3	22.4	6.1	27.1
2017	−0.2	22.5	−0.4	22.1	1.0	23.2	−1.1	20.9	5.8	26.4
2018	-0.9	23.9	−1.1	23.7	0.2	24.7	−1.5	22.9	4.7	28.1
2019	−0.2	25.5	−0.5	24.8	1.1	26.0	−0.8	23.8	5.6	28.4
平均	−0.4	24.2	−0.9	23.7	0.5	24.8	−1.2	23.0	5.7	28.0
最低・高	−11.0	37.0	−13.3	34.9	−12.5	36.2	−17.9	36.0	−4.0	39.0

こうした傾向から、三春藩領は、夏の暑さは東京とさほど変わらないが、夜間を含めた平均では確実に涼しく、そして冬はかなり寒い。ただし、南西に十キロメートル、標高が八〇メートルほど低い郡山と比べると、平均気温は三春が低いが、最高・最低気温ともに三春の方が高いことがわかる。これは、平地で障害物がないために風が吹き抜ける郡山と、山に囲まれ風が吹かない三春との地形の違いが原因と考えられる。なお、三春は太平洋側に位置するため、雪はあまり積もらず三十センチを超えるような積雪は稀である。しかし、気温が低いため、積もった雪は融けにくく、日当たりの悪い三春城下の冬は凍り付くようである。

以上から、三春藩の城地選択に際しては、領域全体を均等に支配することよりも、領域の北西端であっても、標高が低く気候が安定している三春が選ばれたことがわかる。そして、領内は気温が低く、冷害が頻発した江戸時代後期は米を中心とした農作物を安定して収穫できず、藩の財政は常に不安定であった。

領域と街道

三春藩領内には、全国的な交通・流通を支える街道は通っていないため、領内には小規模な宿場や駅しかなく、三春城下町が唯一の都市（町）といえる。

三春から最も近い主要街道は、阿武隈川の西側に沿って通る奥州街道である。

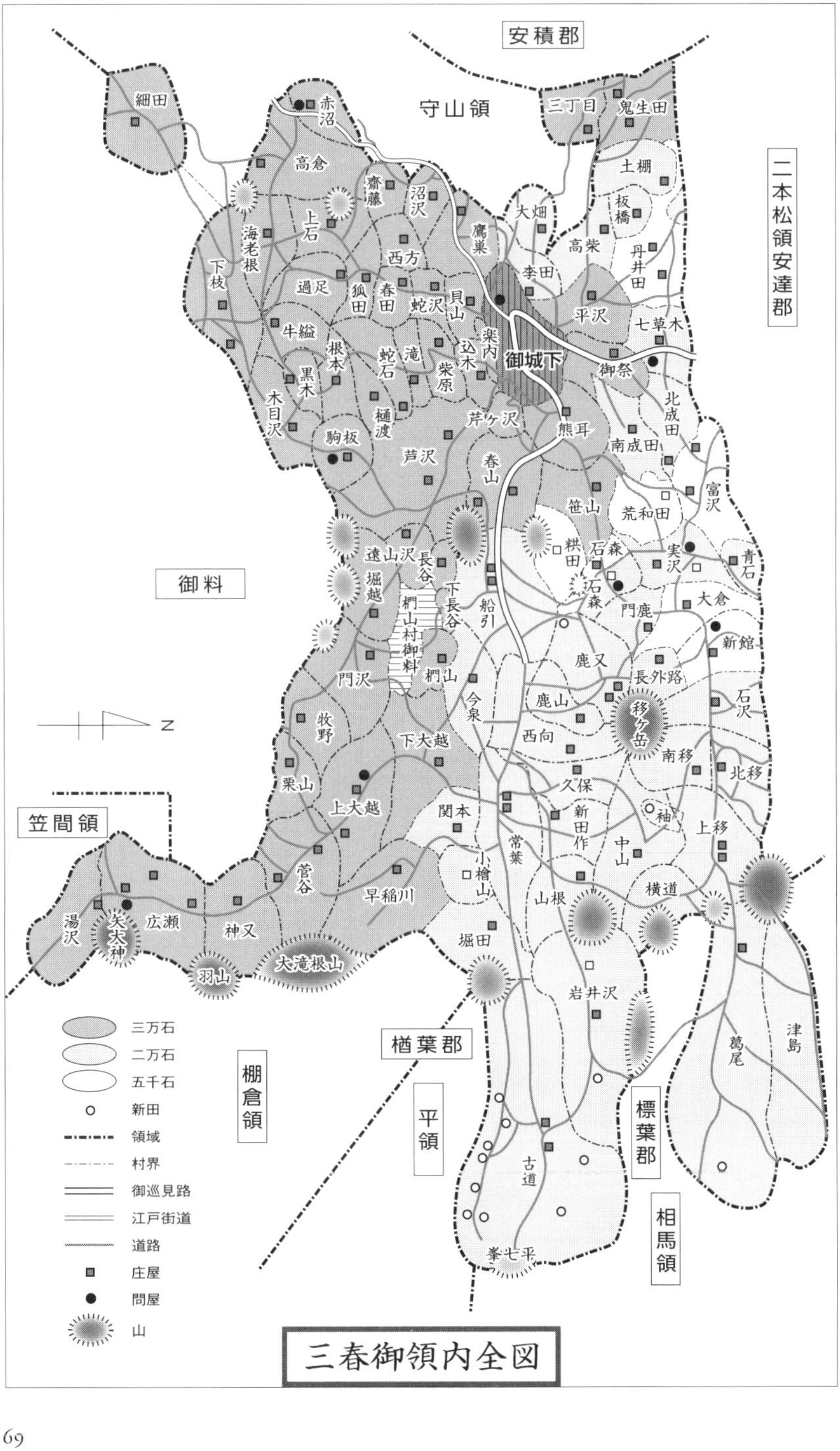
安積郡
守山領
二本松領安達郡
御料
笠間領
棚倉領
楢葉郡
平領
標葉郡
相馬領
細田
赤沼
高倉
齋藤
沼沢
上石
海老根
下枝
西方
鷹巣
大畑
三丁目
鬼生田
土棚
板橋
高柴
丹井田
李田
過足
狐田
春田
蛇沢
貝山
平沢
七草木
牛縊
根本
蛇石
滝
込木
楽内
御城下
御祭
黒木
柴原
樋渡
木目沢
芦ヶ沢
熊耳
北成田
南成田
駒板
芦沢
春山
富沢
笹山
荒和田
遠山沢
長谷
粠田
石森
実沢
青石
堀越
下長谷
栩山村御料
船引
拓森
門鹿
大倉
新館
門沢
栩山
鹿又
長外路
今泉
鹿山
移ヶ岳
石沢
牧野
西向
南移
北移
下大越
久保
粟山
上大越
関本
新田作
袖
上移
常葉
中山
小檜山
菅谷
早稲川
山根
横道
湯沢
矢大神
広瀬
神又
堀田
大滝根山
羽山
岩井沢
葛尾
津島
古道
峯七平
三万石
二万石
五千石
新田
領域
村界
御巡見路
江戸街道
道路
庄屋
問屋
山
N

三春御領内全図

街道沿いの大きな宿場町としては、南から須賀川、郡山、本宮が挙げられ、まずは川を渡って、これらの町へ向かう。しかし、阿武隈川沿いの村々は守山藩の領域で、最北端の鬼生田《おにうだ》村が三春藩では唯一阿武隈川に面する村である。鬼生田には渡し舟もあったが、主要な渡し場ではなく、その交通は発達しなかった。

そこで、まず南の須賀川へは、領内南西端の赤沼村から守山を経て向かった。この街道は藩主が参勤交代で利用するため、江戸街道あるいは殿様道とも呼ばれ、最も整備されている。次に郡山へは、城下を西に出て守山領に入り、阿久津で川を渡って郡山宿へ行く。郡山からは会津へ向かうため、会津街道とも呼ばれた。そして、北へ向かうには、二本松領へ出て高木村で川を渡って本宮へ行くか、さらに北上して高田村で渡河して二本松城下に入るのが主な街道であった。

ほかに、相馬や岩城から浜街道あるいは太平洋へ出る街道がある。まず中村街道は、三春城下を北東に出ると、移川沿いに領内北辺の村々を東へ進み、葛尾村から相馬領へ出て、中村城下（現福島県相馬市）や請戸浜《うけどはま》（現福島県双葉郡浪江町）へ向かう。なお、三春を参勤交代で通行する大名は基本的にはいないが、相馬氏が道中で日光に参詣する場合に限り、須賀川から江戸街道を経て三春に入り、中村街道を通行することが何度かあった。そして、磐城《いわき》街道は、城下から南東に向かい、藩領が細長く延びる部分を通って旧磐前郡へ出て、平城下を経て小名浜《おなはま》や中之作港《なかのさくこう》に至る。藩の廻米は、西南の赤沼《あかぬま》村と東南の広瀬《ひろせ》村にある御倉元に集められ、赤沼からは江戸街道と奥州街道を通って、阿久津河岸《あくつがし》（栃木県さくら市）から船で鬼怒川を下り、広瀬からは岩城街道で小名浜へ出て、海路を江戸や大坂へ向かったが、中村街道を通って請戸浜などへ出ることもあったようだ。

このように、領域北西端に位置する三春城下から東へ向かう二本の街道が、藩領の北辺と南東へ細長く延びる領域を形成しており、これらの街道を確保するために領域が決定された、あるいは領域から出ることなく主要な港へのルートを確保した結果、こうなったとも考えられる。

三春城の構成

戦国時代に田村義顕が築いた山城である三春城は、蒲生氏が本丸周囲に石垣を築き、松下氏が瓦葺きの櫓など礎石建物を建設した。そこへ入城した秋田氏は、前代までに築かれた城を大きく変えることなく利用したと考えられる。唯一変更した点は、西の麓（現在の三春小学校校庭東側）に御殿《ごてん》（居屋敷、下屋敷）を建設して、藩主の居所と政務の場とし、いわゆる平山城にしたことだ。

城の構成については、塀や枡形状の石垣を立体的に立ち上がるように貼り付けた「三春城起こし絵図」から見ていきたい。この絵図は、描画の方法などから秋田氏が入部して間もない時期に作成されたと考えられている。

三春城は、居屋敷の南に設けられた追手門《おうてもん》が入口となる。追手門を入って居屋敷を右に見ながら突き当たると、居屋敷を回り込むように右折し、中腹を周回する通路（帯曲輪《おびくるわ》）に出るところが二ノ門となる。居屋敷の周囲は、通路西の向い側に向屋敷《むかいやしき》、北側の花畑と呼ばれた空間に花畑御殿と称する屋敷が必要に応じて設けられ、側室や庶子などが暮らしていたようである。

帯曲輪から西に延びる尾根沿いに開かれた曲輪群を二ノ丸、南東の尾根沿いの曲輪群を三ノ丸と呼ぶが、両曲輪とも中世の平場を改修し、周囲の一部に石垣を築いただけで、建物は建てられなかった。そして、帯曲輪までは、追手門からの通路のほかに、北西の北町通りからは天神橋《てんじんばし》口と三分坂《さんぶさか》口、亀井《かめい》口からの通路と、南側は南町から登る城坂《しろざか》、それに東の入清水《いりしみず》からの合計六本の通路がある。これらからの侵入者を見張るために、帯曲輪には二ノ門内と三分坂下り口、清水下り口の三カ所に番所が設けられた。

これに対して、帯曲輪から本丸へ上る通路は二本に絞られる。江戸時代は帯曲輪より内側を本城と呼んでおり、これが狭義の三春城である。二ノ門や城坂から登る南の通路は、途中三カ所で折り返して本丸表門に至る。三番目の屈曲部には中ノ門（三ノ門）が設けられ、門内は武者溜りになっている。また、二番目の屈曲部外側の平場には鐘楼があるが、これ以後の絵図では、大元明王《たいげんみょうおう》の上段に時の鐘が記され、明王上に時の鐘、二ノ丸の尾根先端に太鼓堂があった。こうした

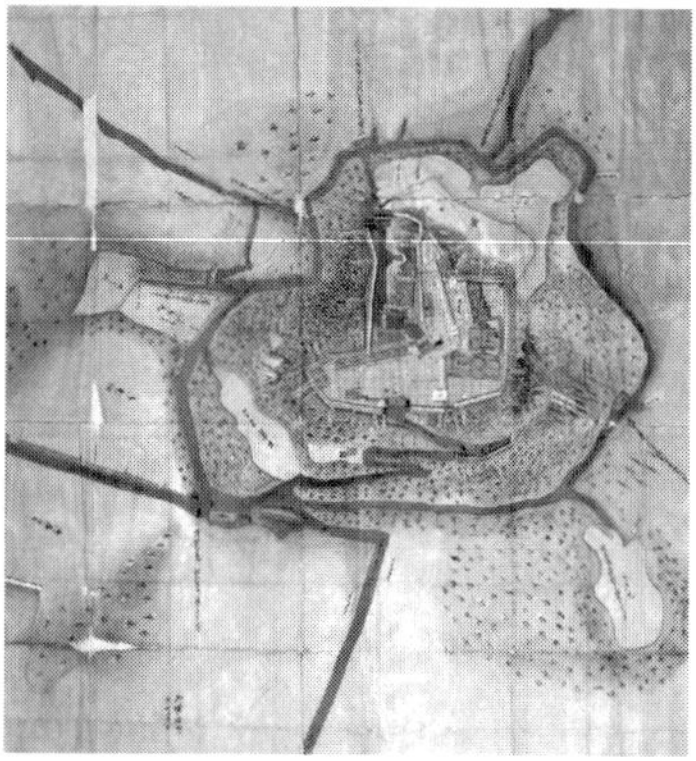

三春城起こし絵図
（全体・三春町歴史民俗資料館蔵）

鐘や太鼓が、城下の武士や町人たちに時刻や緊急事態を知らせた。

そして、表門から本丸に入り、今度は北の裏門を出て、左へ右へと二回折れて直進すると搦手門《からめてもん》となり、さらに下ると帯曲輪の三分坂番所に至る。なお、搦手門外の東側には前代までの重臣屋敷跡と考えられる「古屋敷」があり、その中央に本城内では唯一の宗教施設である太子堂が幕末まであった。太子堂は、田村氏が築城した際に、領内の黒木村（郡山市中田町）から城内に移したと伝わる聖徳太子像が祀られていたが、明治維新後は城下新町の真照寺《しんしょうじ》に安置されている。

本丸の建物群

本丸は、東西方向の尾根を削平・拡張した下の段と、その東側から北へ延びる尾根を同様に整地した上の段、そして、上の段の北西に沿う杉ノ丸と呼ばれる曲輪から成る。往時は本丸全体が石垣と瓦葺き漆喰塗の塀で囲まれ、上の段と杉ノ丸・下の段の境も同様で、二カ所の雁木《がんぎ》と呼ばれた石段で結ばれていた。

下の段の南辺中央には大門とも呼ばれた表門、表門を入ったところに番所と土蔵があり、城下の中心を望む平場西端に御三階と呼ばれた三階櫓、北東隅に裏門、裏門と三階櫓との間に多聞櫓状の長屋があった。表門は、両脇を石垣で挟まれた二階建ての櫓門で、三間に六間（五・四×一〇・八メートル）、高さ三丈四尺五寸（七・二五メートル）の大型の建物である。三階櫓は、石組みの基壇上に一階が四間に七間、二階が四間に三間、三階が二間に三間と棟の向きが各階で交差し、高さは四丈二尺（十二・六メートル）、特に一階で梁《はり》が桁《けた》の二倍近い横長の建物で、一般的な天守建築とは違った外観である。さらに三階櫓は一間の間尺が五・五尺と小さく、一階で六・六×一一・六メートルとなる。これは重量を支えるための構造的な理由によるものか、あるいは柱を増やすことで視覚的に大きく見せた可能性もある。長屋は腰板張りで、二間半に二四間（四・五×四三・六メートル）、高さ二丈三尺（七メートル）の長大な建物で、裏門側に城代の居所、番人の詰め所となる番所があったほか、大工小屋、普請道具部屋、炭部屋などがあり、本丸を管理するための倉庫となっていた。裏門は、両脇の石垣の上に廊下状の二階を渡した櫓門で、二間半に六間（四・五×一〇・八メートル）、高さ二丈二尺二寸（六・七メートル）と櫓門としては高さがないのは、長屋との連続性を重視したものと考えられる。これら下の段の主要な建物は、すべて漆喰壁《しっくいかべ》に瓦葺きである。

　杉ノ丸には、北の突端に杉ノ丸番所と呼ばれた小規模な櫓があり、南側に風呂屋があった。この風呂屋は、宝暦十二年（一七六二）の絵図にも記されており、天明の大火までは存在したと推測される。秋田氏時代の本丸は、通常、番人が詰めるだけなので入浴施設の必要はなく、絵図から湯殿がない蒸し風呂であることから、古い形式の貴人を迎えるための施設と推測される。

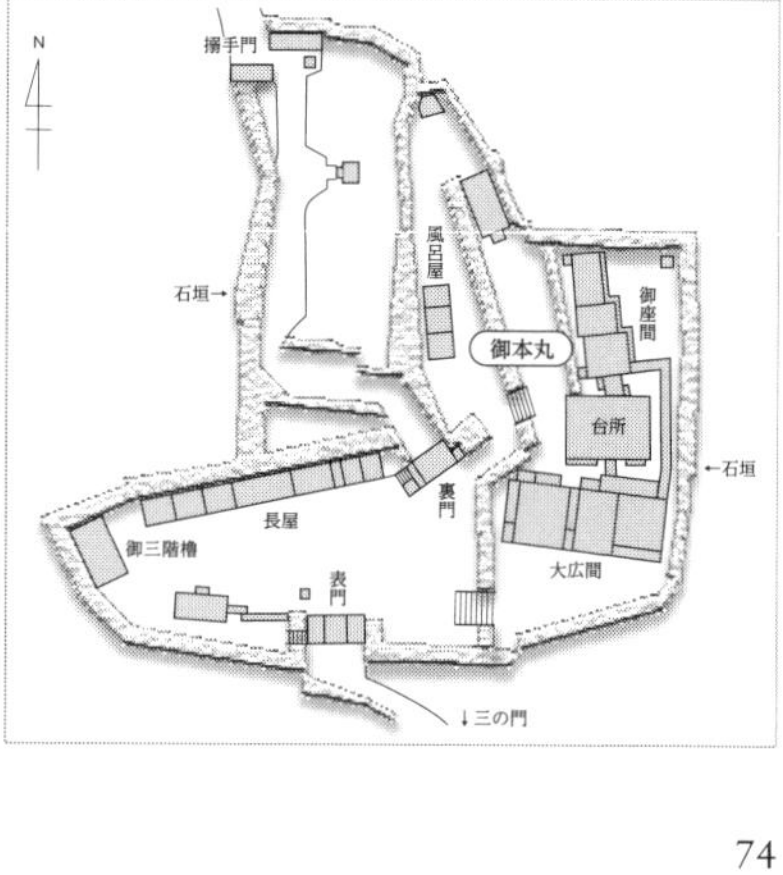

三春城起こし絵図
（本丸周辺部分・三春町歴史民俗資料館蔵）

そして、上の段は御殿空間で、南側に藩主と家臣団が対面する大広間、北側に藩主の控室となる御座《ござ》の間、その間に食膳の準備をする台所があり、それぞれが廊下で結ばれていた。広間は、上ノ間から中ノ間と続き、奥行き一間の畳床を挟んで囲炉裏のある広間の三室が直列し、全体で六間に一六間（一〇・八×二八・八メートル）、九十六坪の畳敷き大空間で、高さは三階櫓とほぼ同じ四丈一尺五寸（一二・五メートル）の巨大な建物である。そして、上ノ間の台所側に一間半に六間の詰間、反対側に内縁が付き、家臣は広間南西外の濡縁から出入りしたと考えられる。次に台所は、囲炉裏のある畳敷きの台所と竃《かまど》二基が据えられた土間からなり、両室ともに流しが張り出し、合わせて六間に八間半（一〇・八×一五・三メートル）、高さ三丈六尺（一〇・八メートル）の規模であった。これに対して、御座の間は、上ノ間、中ノ間、火燵ノ間、次ノ間が雁行するように並び、全体で五間に十二間半（九×二二・五メートル）、高さ三丈九尺（一一・七メートル）の規模であった。これら御殿を構成する三棟の大型の建築物は、茅《かや》か柿葺《こけらぶ》き屋根に板壁であった。また、北東の隅には小型の井楼《せいろう》、北西隅には櫓を兼ねた二階建ての土蔵があった。

このように本丸は、頂上付近に鉢巻き状の石垣を巡らした上に高層建築物を建て、城下や周辺の高所から望まれることを意識して建設されている。また、広大な大広間や風呂屋の存在は、賓客を迎えるための施設と思われるが、その目的は不明である。しかし、天明五年（一七八五）の大火により、これらの建築物群は表門を残して焼失した。その結果、多くの建物は再建されないか簡略な建物に姿を変え、本丸御殿で行われていた正月や節句などの儀式は、麓の居屋敷で執り行われるようになった。

こうした中でも三階櫓だけは、寛政五年（一七九三）に再建された。この建物は城下から見上げる三春城の象徴的な建物であるとともに、代々の将軍から拝領した朱印状を収める将軍や幕府権力の象徴でもあったことから、どうしても再建する必要があったのだろう。

城下町の概要

三春は、城山を中心に、それを囲む谷、さらにそこから放射状に広がる谷を這うように延びる街道沿いに発展した都市である。おおよその構成は、城の周囲に上中級武士の屋敷、その西側と東南の街道沿いに町屋が連なり、その外縁に下級武士の組屋敷が設けられ、それらを望む丘陵中腹に寺社が点在している。

このような狭い谷間に立地する三春では、碁盤の目のような重層的な町は建設できず、街道沿いに集落が形成されたいわゆる街村が連続するように発達した。そこには、谷の中心を走る「表通り」と、それに直交する支谷の奥へ向かう

「横丁」、横丁と横丁の奥を結んで表通りと並行する「裏通り」の三種の通りが形成された。また、横丁の多くは寺社の参道になっており、多くの寺社が直接の参道のほかに、やや離れた横丁や表通りの正面に位置することで、その威容を誇示している。三春は広く見渡すことができない町だが、要所要所から城の主要建築物を仰ぎ見ることができるほか、寺社の大きな屋根もランドマークとなっており、住み慣れた地元の人間には、お馴染みの風景が形成されている。

享和三年(一八〇三)、越後長岡藩士の長沢茂好《ながさわしげよし》と柳町俊綱《やなぎまちとしつな》が、密偵として陸奥南部の諸藩を調査し、後に著された『陸奥の編笠』という旅行記に、当時の三春の様子が記されている。ただし、各地を巡った後で、覚え書きや記憶を元に編纂されたものなので、記憶違いの部分もあると思われるが、三春に関して詳細に記した貴重な史料なので、本章では度々利用させてもらうこととする。

三春の大まかな印象としては、風俗は江戸に似て、言葉もわかりやすく、町人町は通り町で、家作りは相応だが、十八年前の大火で町だけではなく、城までも焼亡し、まだ普請が完了していない。城は山城で、新町から見上げる所がとても良い。追手前から見上げると、山の上に高く塀や櫓が見えるとある。また、城下の人々については、藩士は常に錦服で、馬乗袴に紺足袋と装束が同じで、江戸の御家人や小旗本のようだ。大身の藩士は少なく、物頭以上は肩衣をかけて若党を連れている。通りで武士に会えば、町人はもちろん武士に仕える者も、大勢でいても脇に除けて、下駄を脱いで頭を下げ、道ですれ違う者はいない。その様子は白河と同じで、とても厳重で武士の威厳が重いとある。

藩行政の中心・追手前地区

居屋敷下の追手門前の通りは、追手門の東で一度屈曲するがほぼ東西に続く広場状の空間である。西側の町人地・大町との境（現在の三春交流館と八文字屋の間）には、塀を載せた石垣が道路の両脇から交互に張り出す喰違《くいちがい》と呼ばれた枡形《ますがた》があり、この反対の東側の武家地・南町との境は守城稲荷神社の土手で直角に折れており、この間の空間が追手前と呼ばれる一種の曲輪を形成していた。喰違の脇には池状の堀や土塁が設けられ、防御施設であるとともに町の火災が城内に延焼するのを防ぐための火除け地を兼ねていた。

喰違を入って追手門までの通りの北側には、民政を司った会所があり、その西側には籾倉などもあった。南側（現在の町民図書館周辺）は家中唯一の千石取の重臣・秋田四郎兵衛の屋敷だったが、享保十三年（一七二八）に四郎兵衛が藩を退出した後は、切米取りの武士らの給米を収める永倉《ながくら》となった。そして、永倉の東南に土木建築を扱う作事役所が置かれ、その周辺には材木小屋、作事小屋、鍛冶小屋などの資材置き場や作業場が並んでいた。また、追手門の前は、藩士の従者が待機する待ち合いの空間でもあった。

『陸奥の編笠』によると、追手前は地面が広く、片側は家老屋敷、片側は白壁の大廓で、作事所がある。東側の追手前入口に木戸があり、右に大石山《おおいしやま》（守城稲荷《もりしろいなり》か）があって喰違のようになっている。そして、大町側は辻番・足軽番がおり、高い石垣に練り塀の喰違があったという。

藩士とその家族が暮らした武家屋敷

城の南麓の南町は、西の守城稲荷から東の桜川が通りを横断する箇所まで、主に藩の重役にある上中級藩士が暮らした屋敷地で、居住者の移動が多く、役屋敷に近い性格の屋敷地であった。その北側の城坂沿いの山腹には、主に藩主一族の屋敷があり、反対側の桜谷や会下谷も南町や城坂に準ずる藩士の屋敷地である。『陸奥の編笠』では、新町を過ぎた追手前通り二丁ほどは武家屋敷で、家老屋敷は石垣が高く、長屋門や物見などが多くあり、見た目も良い。荒木内匠《たくみ》や細川内蔵助《くらのすけ》、秋田図書《ずしょ》、秋田多門《たもん》などは加番衆で屋敷構えが良い。城坂の秋田帯刀《たてわき》、秋田右近、秋田十郎左衛門の屋敷は、高石垣に外長屋、離れ門、惣白壁で見事な屋敷とある。

南町の東に続く山中《さんちゅう》町は大元明王の門前町で、秋田氏入部後は通りの南側は藩士屋敷になり、北側だけが町人が暮らす片側町となり、実質はその南東に新しく開かれた町人地・新町の一部となった。現在、桜川は山中町の南側を流れているが、江戸時代は山中町の東西両端で桜川が通りを横断し、明王門前の掘割として通りの北側を流れていた。また、東の交差点付近でも堀が通りに張り出している箇所があり、追手前と同じように一種の曲輪空間を形成している。

さらに通りを東に進むと中級藩士の屋敷となる清水、そして北の城山へ延びる入清水の谷沿いに藩士屋敷が続く。城下東の外縁となる清水の東端には黒門と呼ばれた門、入清水の反対側の清水裏町から師範場と呼ばれる地区への境にも木戸が設けられ、それぞれに番所があった。『陸奥の編笠』によると、清水辺りでは町奉行の桜田五藤左衛門の屋敷が立派で、ほかは普通の門塀ばかりだとある。さらに、城の北側の北町通り沿いと、通りから帯曲輪に登る天神橋と三分坂、亀井の三本の坂道沿いに中級藩士の屋敷が分布している。現在、入清水と亀井の通りはつながっているが、江戸時代はともに袋小路になっていた。ここまでが三春城を囲む藩士屋敷群である。

このほかに、城下西側の町人地裏で福聚寺門前《ふくじゅうじもんぜん》にあたる御免町《ごめん》にも中級藩士の屋敷がある。御免町は、近くの尼ケ谷《あまがや》・馬場地区に藩の内馬場と遠馬場（長馬場）があったため、馬に関わる役職の藩士が多かったようである。『陸奥の編笠』では、厩は中心から離れた中町の裏にあり、長屋門がある高い塀に囲まれた一つの曲輪になっていた。その中に厩が二カ所あり、長さ六〇間、幅一〇間の馬場の右側に馬見所がある。この曲輪の外に、一〇〇間に幅三間の馬場があり、山の麓の小高い所に馬見所があり、六匹建の馬繋ぎもある良い馬場だと評している。

なお、三春城下の武家屋敷は、屋敷の裏には畑があり、屋敷地の台帳にも、宅地と畑地、土手の面積が明記されていることから、藩士の家族や奉公人が農作業をして家計を扶ける前提で、屋敷地が支給されたのであろう。

商工業者たちが住む町

城下町は、藩士たちが城の近くに集住するために建築された町だが、その暮らしを支えるためには、商工業を営む町人たちの存在が不可欠である。三春城下の町人たちは、城の西側に展開する大《おお》町、北《きた》町、中《なか》町、八幡《はちまん》町、荒《あら》町と、城下南東の新《しん》町の六つの町に暮らした。

追手前の通りは、喰違から西へ出ると、四辻（四ツ角）と三辻（三ツ角）を通過し、法蔵寺下に突き当たる城下町のメインストリートになる。この通り沿いの町が大町で、喰違と四辻の間に町役人を歴任した春山《はるやま》家（伊《い》賀《が》屋）と神田家（鱗《うろこ》屋）が向かい合っていたほか、橋元、舩田《ふなだ》、松本、熊田氏など多くの町役人を出した町である。また、三辻北側の丘陵に、大町の鎮守・王子神社が祀られたほか、四辻の北西には札場が設けられ、幕末には一四枚の制札が立っていたという。

そして、四辻から北へ延びる表通り沿いが北町で、この通りが相馬（中村）街道となる。また、秋田氏の入部後、北町北端から西の荒町末へ抜ける切通が開削された。切通の入口には火除けのための空き地と木戸が設けられ、北の武家地と区画している。切通手前の横丁奥が、北町の鎮守・北野神社（天神社、天満宮）で、戦国時代には向側の天神橋口奥の帯郭付近にあったものが、いつからかこの地に移されている。

三辻から南へ延びる表通り沿いが中町である。通りの東側で大町から中町に入って二軒目の屋敷が、町役人トップの検断職を代々勤めた川又家である。川又家は本陣を屋号とし、相馬家の参勤交代や幕府役人など藩の賓客が来訪した際は、宿泊・休憩の場となった。また、通り反対の西側の横丁奥には牢屋があり、南奥の急な石段を上ると中町の鎮守・愛宕神社となる。

さらに南西に表通りを進むと八幡町となる。八幡町の末には清水と同じく黒門と呼ばれた門があり、番所が附属するとともに、門の両脇からは土塁が山裾まで延び、城下の出入りを固めた。門を出て桜川沿いに西へ直進すると郡山宿を経て会津へ至る会津街道、途中で南に折れ、桜川を渡ると守山を経て須賀川で奥州街道へ出る江戸街道に分かれる。また、江戸街道が川を渡った西奥に、町名の元になった八幡神社がある。

そして、メインストリートが突き当たった西の丘陵下を、南北に走る通り沿いが荒町である。蒲生郷治の時に新たに町割りされたと伝わり、松下氏時代までは新町と表記していた。荒町は、南が中町の牢屋小路まで、北は華正院《かしょういん》下で東に折れ、さらに北へ折れる鉤《かぎ》の手までである。この鉤の手の中央付近に木戸が設けられ、新観音《しんかんのん》へ抜ける横丁が担橋《かつぎばし》への脇道になっているためか横丁入口に木戸があった。鉤の手を抜けると北町からの切通に接続し、真っすぐ北上すると小浜（二本松市岩代町）へ向かう小浜海道★、西へ分岐すると、八島川を担橋で渡って平沢村へ出る本宮街道となる。なお、担橋の手前北側の丘陵に、田村氏が勧請したと伝わる荒町の鎮守・牛頭天王《ごずてんのう》（八雲神社）が祀られている。

これらの町と離れて存在するのが新町で、秋田氏入部時に武家地を確保するために、町人地だった南町を南東の岩城街道沿いに移して新南町としたもので、後に南が略された。新町は山中の交差点から真照寺前までで、その先は下級武士の組屋敷となり、境には木戸が設けられた。この組屋敷を抜けると庚申坂と呼ばれる磐城街道と、化粧坂と呼ばれる街道が分岐し領内南部へ通じた。庚申坂では、江戸時代後期に温泉が見つかり、湯屋から遊郭に発展したが、明治期の火事でやや北側の弓町に移転した。

これら六つの町が町人地で、常設店舗での営業のほかに、各町で毎月それぞれ二・七の付く日に交替で計六回の市が開かれた。

▼小浜海道
三春の街道は「海道」と表記されることが多く、小浜海道は現在もその表記であることから、本書でも海道と表記している。

城下町の寺院

現在、旧城下町には一二の寺院があるが、江戸時代にはその倍以上の寺院があった。以下、地区ごとに見ていきたい。

まず、城山の廻りでは、南に大元明王社の別当で真言宗の泰平寺《たいへいじ》、北に秋田家の祈願寺で修験道当山派の宝来寺《ほうらいじ》があった。明治維新の宗教政策により泰平寺は田村大元神社となり、宝来寺は住職を兼ねた旧藩重臣が近隣の村の神官になって廃された。なお、真言宗と天台宗の寺院は、資料によっては当山派、本山派の修験と称している場合があり、修験との区分が明確ではない。

次に新町西側の丘陵には、文珠院《もんじゅいん》、州伝寺《しゅうでんじ》、成就院《じょうじゅいん》、真照寺《しんしょうじ》、光照寺《こうしょうじ》などがあったが、現在は松下家菩提寺の州伝寺と、もうひとつの秋田家祈願寺・真照寺だけが残っている。州伝寺は曹洞宗で、幕府から寺領を給された城下唯一の朱印寺である。本尊の木造阿弥陀如来坐像（丈六仏《じょうろくぶつ》）★は、明治期に無住だった丈六の満徳寺《まんとくじ》が火災に遭ったため、この寺に移されたものだという。境内には一時《いっとき》地蔵と呼ばれる地蔵堂があり、八月の地蔵盆はたいへん賑わった。

真言宗の真照寺は、秋田家が津軽以来信仰した古四王堂《こしおうどう》の別当で、二代藩主盛季が納めた帝釈天と四天王の立像や十二天図、八大祖師図★のほか、三代輝季が正

天沢寺（左は身代り地蔵堂）

真照寺（左は古四王堂）

徳二年（一七一二）に建立した古四王堂が残されている。また、文珠院や光照寺も真言宗とされるが、廃寺により詳細はわからない。

そして、清水には、領内の曹洞宗寺院を束ねた天沢寺《てんたくじ》がある。嘉吉三年（一四四三）に岩城氏の一族・岩崎氏により丹伊田村《にいだ》（郡山市西田町）に開かれ、戦国時代に城下の会下谷《えげたに》に移り、松下氏の時に現在地に移ったという。境内には安寿と厨子王の伝説を持つ身代り地蔵堂がある。

大町北側の通称紫雲寺山《しうんじ》には、南側に紫雲寺と王子社別当の若王寺《にゃくおうじ》、東側の北町に天神社別当の般若寺《はんにゃじ》、北側の切通南に陽照寺《ようしょうじ》、切通向いに吉祥院《きっしょういん》があった。紫雲寺は、戦国末期の天正十五年（一五八七）に町人の寄進により開かれた浄土宗寺院で、城下の上級町人層を中心にたくさんの檀家を集めた。廃寺となった般若寺・陽照寺は真言宗、吉祥院は修験で、若王寺は浄土宗だったという。

大町裏から御免町の丘陵には、桜川沿いの不動山に修験の来光院《らいこういん》と真言宗の清水寺《せいすいじ》、さらに東の奥に天台宗の宝幢寺《ほうとうじ》、臨済宗の福聚寺があった。不動山は、来光院の不動堂に因む地名で、幕末の来光院では、儒学者でもあった川前紫渓《かわまえしけい》が寺子屋を営み、後の自由民権運動家の河野広中《こうのひろなか》も師事したという。また、酒を好んだ紫渓は、近隣の文人たちが土産に持ち寄った盃が一〇〇を数えた安政四年（一八五七）の四月、満開の桜の下で酒宴を開き、その様子を当時、幕府の昌平黌《しょうへいこう》★教授だった安積艮斎《あさかごんさい》に記させた「百杯宴の碑」が寺の跡に残されている。

▼丈六仏
丈六仏は、高さが一丈六尺（約四・八メートル、ただし坐像の場合は立つとその高さ）ほどの仏像である。戦国時代に八幡町北西の谷に、丈六の仏堂（満徳寺）が建立されたことから、この谷を丈六と呼んでいる。

▼八大祖師図
真言密教の教えを日本に伝えた伝持とも呼ばれる八人の僧侶の図。

▼昌平黌
林家の私塾を、湯島聖堂敷地内に移した幕府直轄の学校で、昌平坂学問所とも呼ばれた。

百杯宴の碑

福聚寺は田村家の菩提寺で、門前が御免町と呼ばれるのは、寺への駆け込みにより罪等が免じられる権利が与えられていたためといわれ、そうした寺の権利を制限するために田村隆顕・清顕父子が下した二通の掟書が伝わっている。また、清水寺は、田村三十三観音の一番札所で千手観音があったといわれ、福聚寺境内の十一面観音堂は二番札所であった。

そして、最も寺院が多いのが、荒町から中町、八幡町北西へ続く丘陵で、北から新観音、華正院《かしょういん》、龍穏院《りゅうおんいん》、光善寺《こうぜんじ》、自性院《じしょういん》、高乾院《こうけんいん》、法蔵寺《ほうぞうじ》、専修寺《せんしゅうじ》、西《さい》福寺《ふくじ》、大光寺《だいこうじ》、満徳寺《まんとくじ》、明王院、大慶寺《だいけいじ》などが林立していた。

このうち龍穏院（曹洞宗）と高乾院（臨済宗）は秋田家の菩提寺で、寺号である龍穏院は安東愛季、高乾院は秋田実季の法名で、実季が曹洞宗から臨済宗に改めたことで、先祖の霊を龍穏院にまとめ、自身以降を高乾院に弔ったという。

華正院は本山派の修験で、三十三観音三番札所の馬頭観音堂の別当でもある。この馬頭観音は、東征に来た坂上田村麻呂が、戦闘で死んだ愛馬を弔うために建立したと伝わり、領内外の馬産農家の信仰を集めた。この東隣に所在した新観音の詳細は不明だが、馬頭観音に対して「新」と呼ばれたと考えられ、四番札所と伝わる修験の霊光庵《れいこうあん》（龍珠庵《りゅうじゅあん》）の千手観音《せんじゅかんのん》を呼んだと思われる。江戸時代の秋田家では、当主が亡くなると遺骸は高乾院に一旦安置され、その後、新観音に四門を設けて火葬をはじめとした葬祭行事を行った後、高乾院の墓所に葬られた。

馬頭観音堂

龍穏院

光善寺は、慶長八年（一六〇三）に開かれた浄土真宗の寺院で、江戸時代後期にはたくさんの町人が集う寺子屋を営み、自性院という子院もあった。

法蔵寺は、正応二年（一二八九）に開かれた城下で最も古い時宗の寺院で、町人を主体に檀家の多い寺のひとつである。江戸時代には、遊行寺《ゆぎょうじ》（神奈川県藤沢市清浄光寺）の遊行上人《ゆぎょうしょうにん》の廻国《かいこく》★が、七回以上あった。十万石の大名の格式で行列する上人を、二百五十人余りの人夫を出して迎え、在国の藩主は自ら法蔵寺に見舞い、答礼として上人も本丸御殿に上っている。十日から十五日間に及んだ逗留中に、領内外から数千人の信徒が法蔵寺を訪れ、念仏札や名号を授かり結縁したという。専修寺は法蔵寺の子院で、一般の檀家のほかに、城下の被差別民を取りまとめていた。両寺の門前は、念仏道場が開かれ、道場町とも呼ばれていた。

西福寺は愛宕社の別当で真言宗、大光寺は荒町外の牛頭天王の別当を勤めた験の寺院であった。そして、満徳寺も修験で丈六仏堂の別当、明王院は真言宗で蒲生郷成が建立したと伝わる薬師堂の別当だった。大慶（桂）寺は曹洞宗で、元々龍穏院の場所にあったが、秋田氏の入部により八幡町末に移転したという。

このほか、大慶寺と黒門を隔てた南側には、日蓮宗の法華寺が慶長十八年（一六一三）に開かれた。また、新町外の組屋敷の中に修験の常楽院、亀井北側の丘陵に加藤氏所縁の浄土宗光岩寺があり、時期によってはこのほかにもいくつかの修験や仏堂、子院などが営まれたようであるが、詳しくはわからない。

▼廻国
時宗の開祖・一遍以来、遊行上人と呼ばれたリーダーが全国を廻って念仏修行をし、各地の信徒が、それを迎えた。

法蔵寺

法華寺

こうした寺院のほかに、藩あるいは秋田家が直接管理した宗教施設がある。まず、馬場南上の神明宮《しんめいぐう》（現在の三春大神宮）で、二代藩主盛季の正室・正寿院が信仰したオシンメイ様を祀った堂宇がはじまりとされ、元禄二年（一六八九）に子の輝季が、神垣山《かみがきやま》と呼ばれる現在地に神明宮として遷宮し、藩士の中から神明掛を出して管理していた。また、詳細は不明だが、複数の祠や堂宇が居屋敷に近い花畑に建てられていたようである。

足軽など下級武士の屋敷

城下の周縁部には、主に足軽など下級武士の組屋敷が置かれた。

まず、新町外には、番組・城代組といった城の番をする足軽の屋敷、真照寺の向い側の谷には弓組の屋敷があった（弓町）。『陸奥の編笠』では、長沢らは新町から城下に入り、城下の入口は左右に足軽屋敷が五十軒ばかりあり、家は九尺二間（間口が六・四メートルということか）より大きいものはなく、家の造りは良くなく、住居も怪しく、各自の姓名と組頭を記した札がかかっているとある。

そして、北町の外には、旗組の屋敷があったことから、御旗町という地名が残る。切通から荒町末、小浜海道沿いには、主に鑓組の屋敷が多数設けられ、丈六の横丁には筒組（鉄砲）・弓組の屋敷があった。また、八幡町裏の川沿いに町同心の組屋敷があったほか、中町裏の川沿いには大工や左官、丈六には瓦焼き、畳刺など、作事奉行配下で武士格の職人たちがあちらこちらに暮らしていた。

秋田家の江戸屋敷

江戸時代の大名は、一年ごとに江戸と国許を行き来し（参勤交代）、正室と嫡子を人質として江戸に置くことが定められていたため、領国に城を構えるとともに、将軍の城下町である江戸にも屋敷を構える必要があった。このための土地は、幕府から拝領するが、建物は自身で建設する必要があり、さらに拝領した土地で足りない場合は、必要な土地を購入したり、借り上げたりもした。

こうした江戸屋敷は、藩主が暮らし、その政務の場となる上屋敷が中心になるが、火災など災害が多発した江戸では、被災時の避難場所や別荘として近郊に下屋敷を持つようになり、さらに退隠後の藩主や家督前の若君のために、中屋敷を持つことが一般的で、それらの屋敷に家臣たちが分散して暮らした。

秋田家の場合は、江戸城南の外桜田に上屋敷を拝領するが、後に一キロメートルほど南に離れた芝愛宕下に屋敷を替えた。ほかに下屋敷を麻布飯倉に、さらに代々木にも屋敷を持っていた。飯倉の下屋敷は、実際には中屋敷の機能を果たしており、当時の民間の出版業者が製作した地図（切絵図）では、中屋敷と表示されている。これに対して、代々木の屋敷は、幕府からの拝領屋敷ではなく、藩が購入した抱え屋敷のようなので、公式の拝領屋敷は上屋敷と下屋敷の二つだけだった。また、分家の五千石秋田家の下屋敷が深川にあり、一部の切絵図では秋田本家の下屋敷として記載されることがあった。これは水運が発達した深川の屋敷を、三春藩の蔵屋敷として利用したためではないかと考えられる。

外桜田は、慶長八年（一六〇三）に日比谷入り江を埋め立てて造成され、上杉家などが拝領していることから、秋田家も同じ頃に拝領したと考えられる。秋田家の屋敷跡は、現在の千代田区日比谷公園の南東隅で、日比谷公会堂が建つ辺りである。ほぼ正方形の屋敷地ブロックの南東角で、北隣が秋田家の前の三春藩主・松下家、西隣が盛岡藩南部家の上屋敷で、東の向側が薩摩藩島津家、南の向側が日向《ひゅうが》飫肥《おび》藩《はん》伊東家や肥後《ひご》人吉《ひとよし》藩相良《さがら》家の屋敷だった（近隣の屋敷の主は、時期により変動がある）。宝永四年（一七〇七）にまとまった広い屋敷地を求め、南部家と旗本内藤家と秋田家の三家で、屋敷地を交換し合う相対替えを行った。その内容は、秋田家の外桜田屋敷を隣の南部家に譲り、愛宕下にあった隣接する南部家と内藤家の屋敷を秋田家が譲り受け、飯倉の秋田家屋敷の西側三分一程度を内藤家に割譲するというもので、この結果、三者とも上屋敷を拡大することができた。

愛宕下は、徳川家康が幕府を開く際に江戸を守る防火の神として創建した愛宕神社東下の低地で、たくさんの大名屋敷があったことから愛宕下大名小路と呼ば

三春藩の江戸屋敷位置図

れた。旧南部家と内藤家の屋敷地を併せたこの屋敷は、周囲を道路に囲まれた独立した区画で、北の向側は旧三春領主の末裔である一関藩田村家上屋敷で、忠臣蔵として知られる赤穂事件で、当時奏者番《そうじゃばん》★だった田村建顕《たつあき》が浅野長矩《ながのり》を預かり、切腹した屋敷である。そして、東の向側の北が常陸下妻《しもつま》藩井上家、南が仙台藩伊達家、南は出羽長瀞《ながとろ》藩米津家、西は伊予松山藩松平（久松）家で、伊達家だけが中屋敷でほかはすべて上屋敷である。また、松平家との境の道は秋田小路とも呼ばれた。現在の屋敷跡は、新橋駅から西の愛宕神社に向かって五分程度歩いた新橋四丁目のオフィス街で、秋田家は明治になると早々に屋敷を処分し、三田英学校（錦城学園の前身）として利用された。敷地内の南東に三剣《みつるぎ》稲荷という秋田家屋敷時代からの神社があったが、平成十四年に再開発で廃された。

　麻布飯倉の屋敷地（現在の港区麻布台）は、芝増上寺の西側で、麻布の台地が東京タワーに向かって南東に張り出す喉元の南端に位置する。台地の上は元来の江戸御府内であるが、台地下は江戸の町ではなく代官支配地で、屋敷地南側の四分の一ほどは幕府からの拝領地ではなく、代官支配の狸穴《まみあな》町を民間から購入した抱え屋敷である。このような状況なので、十七世紀中頃の絵図では、屋敷の周辺は天徳寺《てんとくじ》や増上寺など有力寺院の下屋敷や町があるほか、南側は田圃だった。

　しかし、十九世紀までに開発が進展し、尾張徳川家の下屋敷や中小の寺院、旗本屋敷地に変わった。また、通りを挟んだ北側には、寛永期から豊後臼杵藩稲葉

▼奏者番
江戸城中で、大名・旗本から将軍への献上品と、将軍から大名・旗本への下賜を両名の間で伝達するなど礼式を管理する役職で、通常は初めて役に就く譜代大名の役職。ここから出世の階段を上り始める。

三剣稲荷の手水鉢
現在は三春町歴史民俗資料館敷地内に展示

家下屋敷、出羽米沢藩上杉家中屋敷があり、秋田家はやや遅れて明暦頃に拝領したようである。その後、南側に屋敷地を拡張して余裕ができたため、宝永四年の屋敷相対替えに際して、西側を旗本内藤氏に譲ることができたと考えられる。秋田家は明治になると、居所を愛宕下から飯倉に移すが、その後、代々木に移った。この屋敷跡は現在、ロシア大使館や東京アメリカンクラブなどになっている。

なお、五千石秋田家は、青山長者丸《あおやまちょうじゃまる》、外桜田《そとさくらだ》、そして八丁堀と転々とし、十八世紀前半に築地本願寺に近い木挽町《こびきちょう》築地《つきじ》に移った。築地は大名や上級旗本屋敷が立ち並ぶ低地で、五千石家の屋敷は銀座のすぐ東に位置する。安政三年（一八五六）の「諸向地面取調書」によると、築地の上屋敷一八八一坪のほかに、品川戸越村に百坪、深川海辺平野町に七一一〇坪の広大な下屋敷を持っていた。

秋田家の江戸屋敷は、愛宕下・飯倉・代々木だけで合計一三六六一坪（約四五〇〇〇平方メートル）と、三春城の本丸と居屋敷にさらに追手前地区を合わせた面積よりも広かった。これは現在の地価事情からは想像できない広さで、小藩とはいえ当時の大名にはそれほどの力があったことがわかる。さらにこのことは、山に囲まれた三春の土地の狭さも物語っている。そして、この屋敷内に、藩主一家のほかに家臣や奉公人など数百人が暮らし、一つの町を形成していた。一般に、大名の支出の大半が、江戸や参勤交代の道中で消費されたといわれており、東北の小都市三春とは全く違う、巨大都市江戸での暮らしが存在したのである。

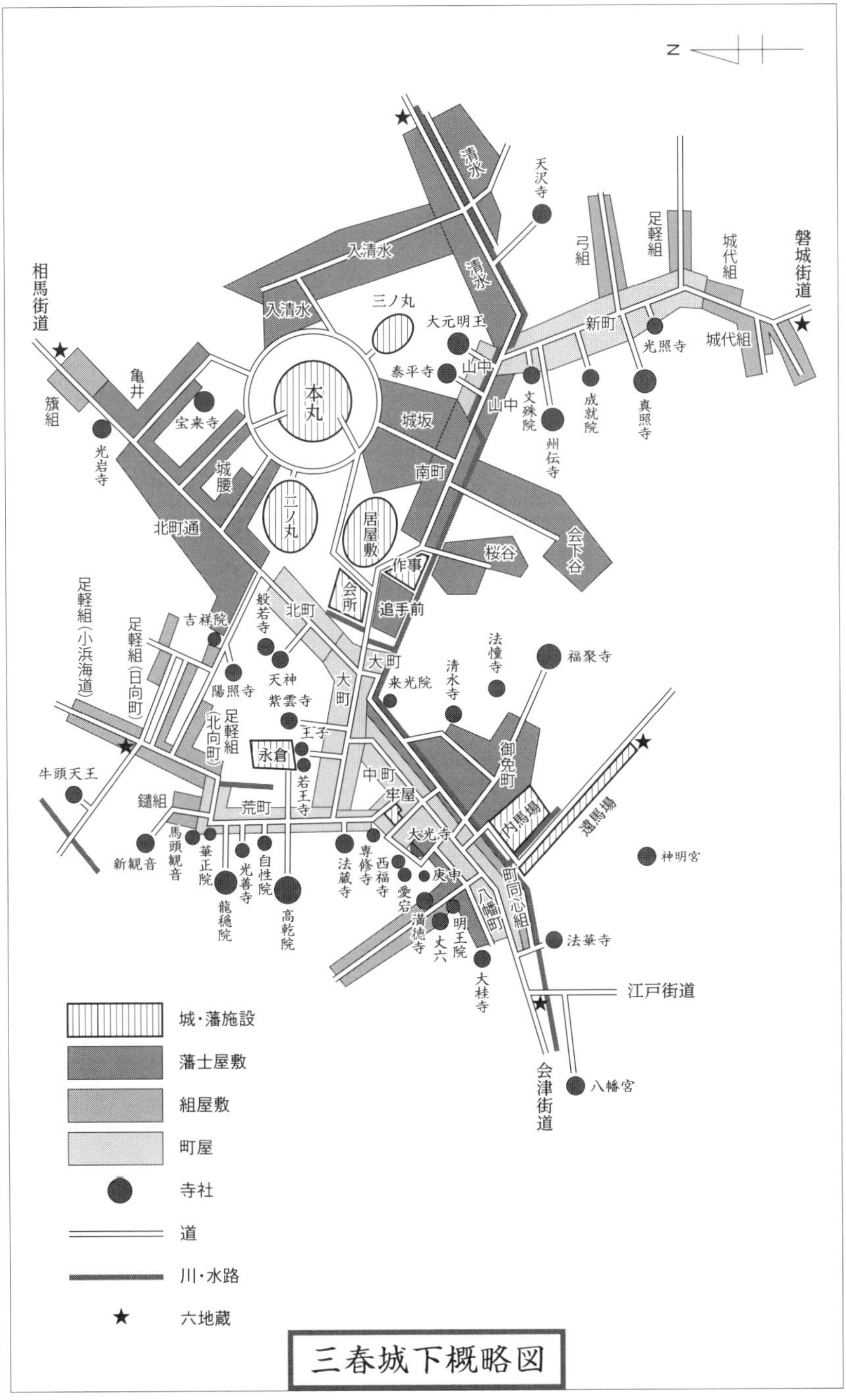
N
清水
天沢寺
入清水
弓組
足軽組
城代組
磐城街道
相馬街道
三ノ丸
大元明王
新町
光照寺
城代組
泰平寺
山中
山中
亀井
本丸
文殊院
成就院
真照寺
旗組
宝来寺
城坂
州伝寺
光岩寺
城腰
南町
二ノ丸
居屋敷
北町通
会下谷
桜谷
作事
会所
足軽組(小浜海道)
吉祥院
般若寺
北町
追手前
法幢寺
福聚寺
足軽組(日向町)
天神
大町
清水寺
陽照寺
大町
来光院
紫雲寺
足軽組(北向町)
王子
御免町
永倉
牛頭天王
中町
内馬場
遠馬場
鐺組
荒町
牢屋
若王寺
大光寺
神明宮
新観音
馬頭観音
華正院
光善寺
自性院
法蔵寺
専修寺
西福寺
庚申
町同心組
龍穏院
高乾院
愛宕
八幡町
満徳寺
明王院
大六
法華寺
大桂寺
江戸街道
会津街道
八幡宮
城・藩施設
藩士屋敷
組屋敷
町屋
寺社
道
川・水路
六地蔵

三春城下概略図

これも三春

三春駒と三春の馬

三春を代表する郷土玩具に、「三春駒」と呼ばれる木彫りの馬がある。駒は子馬のことで、三春藩では二歳の牡馬を「駒」と呼んだ。この駒が各地に販売され、名馬「三春駒」の名が広まったという。これに対して木彫りの馬は、三春人形の里として知られる高柴村（郡山市西田町）で子どもの健康を祈願する「子育て木馬《きんば》」として製作されたが、馬の成長を願う信仰と合わせて大型化し、現在に伝わる置き物の「三春駒」として売り出されたものである。

三春駒

　子育て木馬には、坂上田村麻呂の伝説がある。蝦夷《えみし》との戦闘で苦戦している田村麻呂の前に、突如、馬の軍団が現れ、その活躍で勝利し、後にその馬が清水寺の僧から授かった木馬の化身だったことがわかる。その木馬が高柴に伝わり、子どもが木馬で遊ぶと丈夫に育ったので、子育て木馬として製作されるようになったという。

　阿武隈高地は、古くからの馬産地といわれるが、中世以前については不詳である。近世初期に蒲生氏が駒改役を設け、田村郡では中津川村の村上家が、種馬取扱いと糶庭《せりば》（市場のこと）、糶駒《せりこま》（市で売られる馬）売買及び馬喰支配にあたった。また、正保二年（一六四五）に三春に入部した秋田俊季は、城番を勤めていた内藤信照（相馬義胤の誤りか）から約六〇両を前年の糶代金として引き継いでいる。

　その後、しばらく馬産の記録はないが、延宝七年（一六七九）に秋田輝季が幕府へ黒鹿毛一頭を献上すると、その後は参勤の度に献上することになる。そして、貞享二年（一六八五）には駒奉行や駒付役を設け、元禄十一年（一六九八）に、大郡代に就いた中村政徳が、駒奉行の桑島彦六らと新たな馬産振興策を進めた。

　桑島らは仙台・南部藩から良馬を買い求め、地元の馬と交配して体格を改良し、それを種馬として村々に貸し付けた。産まれた牡馬は藩の管理下に置かれ、糶売《せりう》りに回ると代金の三分の一を藩に納め、残りは飼育主のものになった。毎年、春に孕牝《はらみめす》改めで孕馬《はらみうま》や優れた牝馬を選出し、夏には駄馬改めとして生まれた牝馬と駒を調査し、優秀な馬は留馬とされ、それ以外は糶に出された。九月に常葉と大越で、十月に城下で糶があった。城下の糶の前に、大郡代、駒奉行、駒付役、馬喰が検査し、幕府献上五頭、藩主乗料五頭、種馬用や大名依頼馬を選出し、御取駒として藩が買い上げた。記録が少ないため明確ではないが、領内全体で年間一〇〇〇頭が、二〇〇〇両程度で販売されたとする記録もある。

駒奉行を勤めた桑島彦六は、元々臼《うす》居《い》房《ふさ》由《よし》といい、江戸で幕府の獣医桑島新五左衛門から馬医の秘訣を授かり、その名を称したという。房由に続いて孫の忠棟が駒奉行等を勤めるが、次の代から馬方を離れ、臼居に姓を戻した。この頃、園部好道と長男直道、二男好寛らが馬乗りの名手として頭角を現し、馬の調教や藩主の馬術指南を勤め、その後も代々、駒役、馬医、御厩別当などを勤めた。さらに十八世紀後半以降、これに徳田氏が加わり、駒奉行等を勤めた好時、好展、甘露の三代は研山と号して、絵馬をはじめとして多くの馬絵を描いたほか、三春大神宮の原寸大の神馬木像の製作にも関わったという。

城下で馬糶が開かれた新町は、糶の時期、一家総出で付き添う飼育農家や馬方の役人、各地から買い付けに来た馬喰や各藩士のほか、一般の見物人も多く、年中行事のひとつとしてたいへん賑わったという。享和三年（一八〇三）に三春を訪れた長岡藩士の記録『陸奥の編笠』には、尼ケ谷の馬屋や馬場の様子が記され、馬市では近隣の大名だけではなく、久留米の有馬家なども毎年四、五頭を購入したとある。また、毎年七月十四日から十六日の三夜にわたって、馬屋から馬を八頭ずつ乗り出し、家々の前に松明が焚かれた街中を駆け抜ける早乗りの行事があったと書かれている。

馬産関係者は、堂坂観音（郡山市富久山町）や堂山観音（田村市船引町門沢・堂山王子神社）、東堂山観音（小野町小戸神・満福寺）、城下荒町の馬頭観音堂など各所の観音を信仰し、馬の出産や成長祈願、またはそのお礼に絵馬を奉納したり、祈禱札を授かって馬屋に祀ったりした。荒町の観音堂は、坂上田村麻呂が愛馬を弔ったといい、ほかも田村麻呂や徳一大師といった古い由緒を伝え、何より堂宇の存在が地名の元になっていることから由緒や信仰の篤さが窺える。こうした観音堂の祭礼には馬を連れた人々が行列し、石段も磨り減るほどだったといい、それを物語るように、石段各段が広く段差が低く作られている。

そして、数多くの絵馬が奉納された荒町の馬頭観音堂には、寛政三年（一七九一）に徳田好時、同五年に大木光寿が木馬で馬術修行を奉納した絵馬が伝わっている。二人とも人見流園部好将門下の二十歳で、九月十五日の酉上刻（午後六時）から亥下刻あるいは戌上刻（午後十一時、九時）まで満月の元で六町の行程を修行している。このほか、馬頭観音堂の旧扁額は、享保三年（一七一八）に、園部直道を施主に秋田圖書を筆頭とする四〇人の藩士が奉納したものである。また、嘉永三年（一八五〇）に奉納された幅九尺、高さ六尺半の徳田研山好展が描いた巨大な勇馬図絵馬の裏面には、細川守衛をはじめとする三〇人の藩士が名を連ね、「衆信歸一此擧初成　仁君安穏蒼生太平　駿馬満厩武夫護城　仰冀如許永蒙神盟」という漢詩が園部幽谷により記され、幕末の動乱を前にした藩士たちが、一致団結して、主君の元での結束を神に誓っている。

このように、三春での馬は、産業としてだけではなく、文化や精神的な支えとして、武士や農民、町人すべての階層に欠くことのできない存在であったと推測される。

3

多彩な家臣たち

秋田家中には、元々関係が深かった旧出羽の国人領主たちや、細川氏や浪岡氏のような大名や旧家の末裔たち、さらに各地の大名家を渡り歩いた武将の子孫たちが集った。

三春の侍たち

三春藩で、武士という階層に属する人は、どのくらいいたのだろうか。現在伝わっている分限帳《ぶげんちょう》の類で最も広い階層が記載されているのが「慶応三年御家中御礼席」で、諸組小頭《しょくみこがしら》・小頭格以上の三一七名が記され、この小頭の下に属する足軽たちが各組二〇から三〇名程度おり、合計七〇〇名という数が想定される。さらに、武家階級という区分では家族も加わるため、三〇〇〇人くらいになるかと思われる。そして、戦闘に際しては幕府の軍役規定もあり、郷士や農兵を加えて一〇〇〇人以上に膨らませる必要があるが、実際にどの程度の人数を揃えられたのかはわからない。

三春で一般的に藩士と呼ばれるのは、おおよそ百石以上の禄を受けた給人《きゅうにん》という格で、先ほどの慶応三年（一八六七）の資料では一六九名いる。給人とは本来、奉公に対して、御恩として領地（給地・知行地）と領民を与えられる契約を主君と交わした武士のことであるが、秋田家三春藩では地方知行《じかたちぎょう》（領地や領民の支配権を与えること）は行われず、給地として複数の村に細かく割りふられた村から、家禄にあたる年貢米が直接屋敷へ届けられる程度の関わりしかなかった。

次の格である中小姓《ちゅうこしょう》は、家督相続前で部屋住み中の給人子弟を中心とした二五人で、このクラスからは、切米《きりまい》（蔵米）や給金等の俸禄が藩から支給される。そして、小従人《こじゅうにん》が一八名おり、この中小姓・小従人クラスは、藩主一家近くに仕える近習《きんじゅう》や事務方の下役に就いており、給人に近い位置付けである。

さらに、徒士目付《かちめつけ》等が一六人、徒士が五〇人、次第不同《しだいふどう》が二〇人で、次第不同には作事方支配の職人たちが多く含まれる。藩の儀式等に召し出されるクラスとして、中小姓・小従人以下、次第不同までという表現がよく見受けられ、ここまでが藩主に拝謁できるクラスと考えられる。この下に諸組小頭たちが一九人おり、その配下が足軽で、組屋敷などに暮らした。

こうした下級武士については、資料も少なく、研究も進んでいないことから、以下では給人クラスについて述べる。

給人たちの禄高

万治二年（一六五九）の「御家中《ごかちゅう》給人《きゅうにん》御物成金《おんものなりきん》幷《ならびに》御切米取惣帳《おんきりまいどりそうちょう》」には、給人が一一〇名記されている。最高の千石が秋田四郎兵衛の一名のみ、六百石が秋田奥左衛門と荒木金右衛門の二名、五百石以上が五名、四百石が二名、三百石が一二名、二百石以上が三七名、百石以上が五一名いる。貞享元年（一六八四）の「礼席《れいせき》之《の》次第《しだい》知行《ちぎょう》請役《ふやく》幷《ならびに》寺社《じしゃ》御礼《おれい》名乗付《なのりづけ》」では、千石が秋田四郎兵衛信行と秋田季堅《すえかた》の二名、六百石が荒木高宅《たかいえ》と荒木高寿《たかとし》の二名で、五百石が五名、四百石が一名、三百石以上が六名、二百石以上が四三名、百石以上が六七名の計一二五名が記されている。以上から、三春の上中級武士である給人はほとんどが百石から二百石で、それ以上のクラスは極めて少数であることがわかる。これを、そのまま単純に計算すると、五万石の半分近くがこの百数十名に支給されていることになり、下級武士を加えると極めて人件費率の高い藩経営となる。しかし藩の公共事業や藩主一家の賄い、参勤交代の費用などを考えると、藩予算の半分を上中級武士に配分するなど不可能であり、この額面通りの給与（禄）が支払われている訳ではない。

仕官時期による家中の区分

秋田家中はこうした禄高での区分のほかに、慶長七年（一六〇二）の宍戸転封以前に仕官した藩士である秋田由来、正保二年（一六四五）の三春転封以前に仕官した宍戸由来、それ以降仕官した三春由来の三つに分けられる。これは徳川幕府の譜代・外様の区分と似ており、藩士の禄高や役職を規制するものではないが、武士にとって由緒というものは非常に重要なものであり、この区分は精神的な上下関係になったと推測される。以下、藩士の系譜集をまとめた『春陽の士』に掲載した二四一家の藩士について見ていきたい。

秋田由来の藩士たち

秋田由来には、まず、公族《こうぞく》とされる藩主の一族が五家ある。それは湊安東家を開いた安東鹿季《かのすえ》の弟や庶子から始まる家で、竹鼻《たけはな》、中津川《なかつがわ》、山舘《やまだて》、鷹土《こもつち》（檜山《ひやま》）、

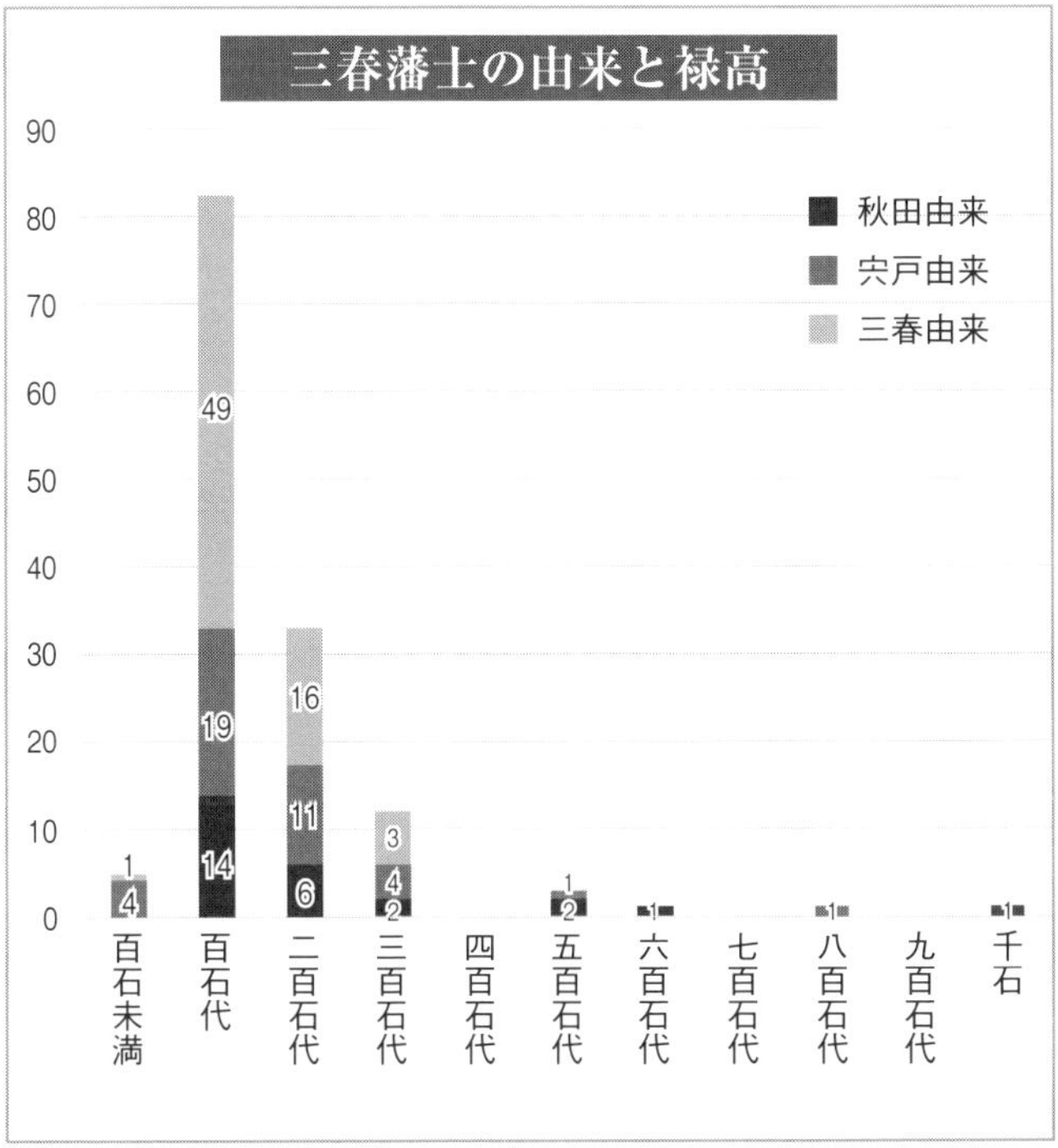

矢沢家があるが、三春にいた期間が短い矢沢家のほかは秋田を称した。菩提寺は竹鼻・山舘家が高乾院、薦士家は龍穏院で、中津川家だけが藩主菩提寺ではない曹洞宗の州伝寺である。

ほかに秋田由来は二六家あり、そのうち愛季の代に仕官したのが二家、実季が八家で、他は不明である。また、以前の主君がわかるのは、大浦氏が越後の上杉謙信、石見出身の佐塚氏は毛利家、大金《おおかね》氏は上野の由良《ゆら》家、河野氏は甲斐の武田勝頼、永井氏は美濃の斎藤道三、渡會《わたらい》氏は豊臣秀吉の近臣大野治長《おおのはるなが》、五十川《いかがわ》氏は公家の久我《こが》家に仕えていたが円光院に従って秋田家に来たという。

このほかは不詳であるが、出羽で安東家に従ったあるいは姻戚関係にあった国人領主やその一族が多いと推測される。そして、檀那寺は龍穏院が圧倒的に多く一五家、次に高乾院が三家で、福聚寺、紫雲寺、光岩寺、法華寺が一家ずつ、ほかは不明である。このことから秋田由来の藩士の多くは、秋田実季が祖先をまとめて祀った龍穏院を藩主と同じように檀那寺とした。

浪岡北畠氏

秋田由来の中でも、際立った存在が浪岡《なみおか》氏である。浪岡氏は、本姓が北畠で、南北朝時代に北畠顕家の娘が安東貞季に嫁いだことから所縁ができ、その後、津軽浪岡城（現青森市）に依拠したことから浪岡御所と呼ばれた一族の出身である。十六世紀中頃、北畠家と安東家の同盟を強化するため、安東愛季の娘・慶松院《けいしょういん》が北畠顕村に嫁ぐが、天正六年（一五七八）に大浦《おおうら》（津軽）為信《ためのぶ》の攻撃で浪岡城は落城し、顕村が自害して浪岡御所は滅亡した。この時、慶松院を護って安東家へ逃れたのが一族の北畠慶好《けいこう》で、三春浪岡氏の祖である。浪岡御所は、代々侍従に任じられた名族であったため、愛季がその正室を保護したことが、自身の侍従叙任の一因になったとも考えられている。

慶好は、男鹿脇本城の一角にあった岩倉館を預かると岩倉と名乗り、前の脇本領主湊氏季の娘を妻に迎えた。そして、愛季の死後は幼少の実季を補佐して家中の混乱を鎮め、豊臣政権との外交交渉に活躍したことから、秋田姓と季字を賜って秋田季慶と称した。しかし、秋田家が実質的に減封となった宍戸転封に際して、季慶の子・季姓は当時常陸牛久城（現茨城県牛久市）主だった由良家に寄寓し、由良国繁の娘を妻に迎えた。その後、国繁とその子・定繁が相次いで没し、元和七年（一六二一）に由良家が改易されたため、秋田家へ帰参し、代々重役を勤める。菩提寺は龍穏院で、藩主の位牌堂入口に位牌を祀り、墓所も藩主、住職の次に位置しており、格別の待遇が見て取れる。天明八年（一七八八）に幕府巡検使に従って奥羽を視察した古川古松軒《ふるかわこしょうけん》★の紀行記『東遊雑記』にも、家臣の秋田右近は、本姓が北畠で北畠顕家卿の嫡流で歴々の子孫であると記されている。

笹竜胆紋陣笠（右）と違い釘抜紋蒔絵鞍（ともに三春町歴史民俗資料館蔵）
浪岡氏は北畠氏の笹竜胆紋の変形と、違い釘抜紋を家紋とした。

宍戸由来の藩士たち

次に、宍戸由来の藩士は四三家で、実季の代に一〇家、俊季の代に二二家が仕官している（一一家は不明）。このうち常陸の前領主・佐竹氏の家臣が、山野・小《お》堤《づつみ》氏で、寺内（郡司）氏は宍戸出身という。同じく常陸国内では、蔵田《くらた》・松井・金井・梶塚《かじづか》氏が牛久城主だった由良家臣で、浪岡氏による紹介の可能性が高い。また、菊池氏は土浦藩主松平家から俊季の正室永寿院《えいじゅいん》の輿入れに従った。

ほかに関東では、田部井《ためがい》氏が武蔵忍《むさしおし》城主で由良家の姻戚でもある成田家、渡部氏が川越藩主・松平信綱、石嶋氏が下総関宿《しもうさせきやど》藩の板倉重宗《いたくらしげむね》の家臣であった。そして、旧領出羽との関係で、会津芦名家重臣から上杉・最上家を渡った松本氏、同じく最上家から植田・太田氏、荘内の大宝寺氏一族の武藤・砂越《さごし》氏がいる。また、小野寺・原氏は三春から二本松に移った加藤明利、三坂《みさか》・草川《くさかわ》氏は会津の加藤明成の家臣であった。このほか、松平安芸守（浅野光晟《みつあきら》か）家中から浅井長政の末裔と称する浅井氏、信濃松代藩主・真田家から医師の佐川氏、佐塚氏の姻戚で毛利家臣だった松原氏、同じく毛利家から医師の三宅氏、近江出身で徳川忠長の附家老を勤めて掛川城主だった朝倉宣正《のぶまさ》の家臣の橋村氏などが宍戸で仕官している。これらは、関東奥羽を中心に、主君の改易等により、何らかの伝手を頼って秋田

▼古川古松軒
江戸時代後期の旅行家で、天明八年（一七八八）に幕府巡見使の随員に選ばれ、奥羽・松島を巡って、その旅行記『東遊雑記』を著した。

家に仕官したのであろう。

宍戸由来の藩士の菩提寺は、藩主菩提寺の龍穏院が一〇家、高乾院が七家と多いが、浄土宗の紫雲寺が六家、光岩寺が五家と多く、次が浄土真宗の光善寺、日蓮宗の法華寺の三家、そして、曹洞宗の州伝寺三家、天沢寺二家、臨済宗の福聚寺一家、それに不明が三家である。ここでもやはり秋田系の出自の者が藩主菩提寺の檀家となるが、三春周辺では主体ではない浄土宗・浄土真宗・日蓮宗という宗派が多いのは、各地を遍歴した侍が集結した結果と考えられる。

御両家

秋田家中で最上位に位置するのが細川・荒木の二氏で、ほかの重臣たちとは別格の「御両家」と呼ばれ、交代で大老と城代を勤めた。ともに実季夫人円光院に関係し、宍戸で客分の扱いで秋田家に迎えられた。

細川氏は、室町幕府の管領を代々勤めた細川本家（いわゆる京兆家）の末裔で、細川晴元の子・昭元と織田信長の妹・霊光院の間に生まれた元勝《もとかつ》（実季の室・円光院の兄弟）の子孫である。元勝は、豊臣秀頼の家臣として従四位下讃岐守に任じられるが、大坂落城後に京都で没した。そして、元勝の子の義元が十一歳の時に江戸で実季に招かれ、寛永三年（一六二六）に宍戸へ赴き、元服して津田民部と称したという。その後は俊季に従って三春に移り、桜谷《さくらだに》に屋敷を拝領した。しかし、義元の嫡男・宣元は延宝七年（一六七九）に領内の常葉村に隠居した後、秋田家を離れ、享保十一年（一七二六）に没するまで江戸で暮らした。この宣元が亡くなると、その子の忠元が三春に帰参し、荒木家と並ぶ御両家となった。また、宣元の出奔中は弟の元明が津田を称し、この家が明治維新まで桜谷の屋敷を継承したため、桜谷家とも呼ばれた。

これに対して荒木氏は、丹波の国人で荒木山城守高則《たかのり》という波多野《はたの》氏の一族を祖とする。波多野氏は、古代朝鮮の帰化氏族である秦氏、あるいは藤原秀郷の末裔ともいう。室町時代、細川勝元に仕えた波多野清秀が、応仁の乱の功で丹波に所領を得た後、丹波国内に勢力を拡げた戦国大名で、荒木家はその支流にあたり、織田信長に謀反を起こした荒木村重も同族と思われるが、不明な点が多い。また、荒木山城守は、細工所城とも呼ばれる荒木城（現京都府丹波篠山市）主で、明智光秀ら織田勢と戦って「荒木鬼」とも呼ばれた荒木氏綱《うじつな》の可能性が高いが、三春に残る記録では、高則とされている。この荒木高則の弟・高兼《たかかね》の娘（瑞峯院《ずいほういん》）が円光院に仕え、実季との間に後の長門守季次《すえつぐ》が生まれた。この縁で、瑞峯院の弟・高次が大坂の陣で秋田軍に参加するが、天王寺口で戦死したため、実季が高次の子・高綱を丹波から招いて、娘の真空院の婿とし、客分で六百石を与えた。

こうして、高綱の子で実季の孫にあたる高宅が生まれた。高宅は幼年から年寄の上席に座し、実季の弟で小浜藩酒井家の家老を勤めた安倍英季《ふさすえ》の娘を娶って、寛文八年（一六六九）に城代となり、家中最高の地位を固めた。

三春由来の藩士

最後に三春由来であるが、資料の制約上、来歴がわかっているのは西暦一八〇〇年前後までに仕官した百六家のみで、それ以降の仕官の状況はわからない。藩主各代の仕官者数を見ると、三春での在任期間が短い俊季は七家、盛季が二一家、輝季が三五家、頼季が一四家、在任期間が短い延季が一家、定季が二家、そして、倩季が一五家、謐季が二家、不明が一〇家である。輝季が圧倒的に多いほか、藩の基礎を築いた盛季も多く、在任期間が長い倩季、頼季が続く。ただし、新たな仕官者がいれば、断絶や出奔・転出する藩士もおり、断家として記録された藩士が八一家ある。このうち断家の時期がわかるのは、盛季の代に四家、輝季の代に一〇家、頼季の代に一五家などとなっている。このことから、頼季の代は一四家の仕官と一五家の断家で、一家減っている状態であるため、その後やや安定した倩季の代に一五家を受け入れたのであろう。以下、仕官した藩主ごとに、各藩士の前歴と仕官の経緯から、三春藩政の動向を追ってみたい。

藩政の確立〜俊季と盛季

三春で俊季に仕官したのは七家で、木澤《きざわ》氏と熊田《くまだ》氏が前領主の松下家、天野氏と代重《だいじゅう》氏は会津加藤家の旧臣である。そして、中西氏は俊季の正室・永寿院の弟で丹波篠山藩主松平忠国《ただくに》の臣で、圓守《まるもり》・野口両氏の旧主は不明であるが、圓守氏は二代彦十郎常定《つねさだ》が、江戸で狩野常信《かのうつねのぶ》に師事した後、画業で再度秋田家に召し抱えられ、後代も小僧や小納戸《こなんど》、中小姓など近習を多く務めた家である。なお、この小僧であるが、三春では藩士の子弟が「小僧」として召し出された後、還俗して小納戸や中小姓として藩主近くに仕えた藩士が少なくない。このことから、幕府や他藩で茶坊主と呼ぶ剃髪して殿中で給仕を担当した者と思われ、そこから徒士や小従人、そして給人へと進む者も多い。

次の盛季の時代も、市川・不破氏が会津加藤家、吉見氏が松下家から南部家を経て秋田家に迎えられた。瀧《たき》氏は桃弥《とうや》という小僧が、盛季正室の正寿院に仕えた叔母・田丸《たまる》の功により、還俗して万右衛門と改名し百五十石を賜って給人になり、大目付まで上った。ほかに、菅《すが》氏が松平伊代守（岡山藩主池田綱政か）、伊賀出身の服部氏は津藩主藤堂家から旗本の松平氏に仕えた後、秋田家へ、村上氏は肥後熊本の加藤家浪人から医者として、長谷川・平野氏も医師として召し抱えられた。

秋田盛季肖像
（東北大学附属図書館蔵）

そして、大見《おおみ》氏は平藩主内藤忠興《ただおき》の臣、岡田氏は幕府大老で上野厩橋藩主酒井忠清《ただきよ》の臣、八木氏は石見浜田藩の重臣だったが、藩主古田重恒《ふるたしげつね》が御家騒動の末に継嗣を残さず没し改易され、秋田家へ仕官した。岡野氏はその父が大坂の陣で俊季の馬の口取を勤め、足軽から取立てられている。中村氏は、父親が丹波の荒木村重の臣で、水戸徳川家を経て、朝熊の実季に従って秋田家に召し抱えられており、荒木氏や細川氏の紹介があった可能性もある。桑嶋氏は下野の那須氏一族で交替寄合（所領に居住して参勤交代する上級旗本）の芦野家臣の臼居《うすい》氏が、江戸で馬医の桑嶋新五左衛門から馬術を学び、師から桑嶋姓を許されて三春藩に召し抱えられたが、後に馬方から離れたため臼居に姓を戻している。浅村（後に沢崎に改名）氏は高家（古い由緒が幕府に認められ大名並みの扱いをうけた上級旗本）の畠山家から、旗本秋田家を経て部屋住みの輝季の右筆《ゆうひつ》★に採用された。このほか、薄井・栗原・藤本氏の先主は不明であるが、栗原氏は後に栗原新田と呼ばれる新田開発に活躍したことで知られる。

▼右筆
藩主に代って文書を書く書記官だが、公文書を作成するだけではなく、文書の管理も行った事務官僚。

輝季の長期親政

三春での三代目となる輝季が家督した延宝四年（一六七六）、まず、細川家次男の元明《もとあき》が永の暇を賜わるが、二年後に帰参すると翌七年に長男の民部宣元《のぶもと》が隠居の後、出奔する。これにより元明が三百石を受け津田権左衛門と改名し、後の桜谷《さくらだに》家を興した。これと同様に輝季家督の翌年には、多くの老臣が隠居し、家臣団が一新されている。こうした中、輝季が兵学を学んだという幕府の徒士《かち》・遠藤伊兵衛の推挙で、その弟子の堤氏を召し抱えており、二十八歳で家督した輝季は、早々に親政を始めたことが想像される。

天和元年（一六八一）に越後高田藩主で家康の曽孫にあたる松平光長《みつなが》が改易されると、その重臣・本多不伯《ふはく》を幕府から預けられ、翌年から三春藩は高田城番に出兵するが、この時に光長の旧臣から青柳（後に本姓の佐々木に改名）氏と医師の渡邊氏を召し抱えた。また、同時期に旧田村家臣の三輪氏と下総古河《こが》藩士井家中の所氏も医師として仕官している。その後、貞享二年（一六八五）に輝季は改めて譜代並となり、この頃、三河吉良の郷士の山本氏、重臣・秋田四郎兵衛の家人・河村氏、松平伊代守（福井藩主松平忠昌《ただまさ》か）家臣の富岡氏、平藩内藤家臣の須藤氏、輝季の正室・本性院の父の若狭小浜藩主酒井忠直旧臣で医師の坂本氏、先主は不明だが黒岡・小山内氏らが仕官している。また、延宝八年に徳川綱吉が上野館林藩主から将軍に就任したのに伴い、その家老の牧野成貞《まきのなりさだ》が幕臣に戻ったため、牧野家臣の平野氏が輝季の嫡男広季（後の就季）に仕え、その後、阿部伊勢守（上総大多喜《おおたき》藩主阿部正春《まさはる》あるいは丹後宮津《みやづ》藩主阿部正邦《まさくに》か）旧臣の日向野《ひがの》氏、酒井家から本性院附きで来ていた小宮山氏、相模小田原から越後高田に移された稲葉《いなば》正往《まさみち》

秋田輝季肖像
（東北大学附属図書館蔵）

旧臣の村田（後に石田に改姓）氏が仕官し、藩士の草川家に関わる滋野《しげの》氏も就季の小姓等に取り立てられている。そして、元禄期になると、俊季正室の実家である下総古河藩主松平忠之の改易により、後に三春藩の馬産の基礎を築く中村（後に本姓の赤松に改姓）氏、備中松山藩主水谷《みずのや》勝美《かつよし》の無嗣改易により熊倉氏を迎える。その後、政権末期の正徳期に、安井・鈴木・松野・遠山・小泉・安岡氏などを新たに召し抱えるが、鈴木氏が松平忠之旧臣であるほかは不明で、六氏ともほどなく秋田家を去っている。ほかに詳しい時期は不明だが、丹後宮津藩主京極高国家臣の鳥羽氏、出雲松江藩主松平綱近家臣の子で、本性院に仕えた叔母の養子となった赤尾氏などが仕官している。

頼季の時代

正徳五年（一七一五）に、四代藩主となる頼季が五百石の旗本秋田家から本家に迎えられると、旗本家は解消されたため、宮田氏が頼季に従って本家に仕官した。その後、輝季が大病を患った翌享保四年（一七一九）、医師の久貝《くがい》氏、三河田原《みかわたはら》藩主三宅康雄の旧臣宇佐美氏、二本松藩丹羽家旧臣から幕府与力・徒士を経た杉山氏を召し抱えた。久貝玄貞《げんてい》は、初代大坂町奉行を勤めた久貝因幡守正俊の弟から始まる三代目の医師で、杉山治左衛門は山鹿《やまが》流の兵学者で、大象軒《だいしょうけん》と呼ばれた。同五年には、実季の弟・英季の子孫で荒木氏の姻戚でもある小浜酒井家の家老・安倍氏の一族も秋田家に迎えられた。

　この頃から、側室や妾など奥の女性の関係者を、名跡として召し抱える例が増え始め、石川氏は嫡子となる延季の生母・清香院の弟で、橋本氏は父・輝季の後室・貞厳院の手代から仕官し、小澤氏は頼季の奥を取り仕切った老女沢井の名跡として中小姓から奥家老等に取り立てられた。

　このほか、後に断家となるが、医師の恩田氏、荒木高宅の娘の子・山口氏、会津加藤家旧臣の竜氏、幕臣の子の駒井氏、松平和泉守旧臣の和田氏、松平丹波守旧臣の富岡氏、詳細不明の江間氏などが仕官している。

延季以降の召し抱え

　五代藩主延季の代は、側室で倩季の生母・妙智院の名跡として大江氏、武蔵岩槻《いわつき》藩主永井直陳の旧臣・渡邉氏、医師の渡邊（後に薄田《うすだ》と改姓）氏などが仕官した。定季の代には、備中松山藩主板倉家の旧臣・片貝《かたがい》氏、美作津山《みまさかつやま》藩森家改易による浪人で鑓遣いとして山口氏が採用された。倩季の代は、下総古河藩主本多忠良《ただなが》家臣で弓の射手の真野《まの》氏、会津藩松平家臣の今泉氏、稲葉家臣（豊後臼杵藩か）で医師の大関氏のほか、秋田以来無格★で勤めた大木氏、宍戸以来無格で三代勤めた

▼無格
父祖が給人より下の格で仕えていた者が、給人に格上げされた場合に使っているもので、薩摩藩島津家のように無格という階級がある訳ではない。

永沼氏のほか、中瀬・中山・山地・和田氏などが仕官している。

三春由来の藩士の檀那寺

さて、三春由来の藩士の檀家関係については、頼季の代以降の仕官者はほとんどわからないため、おおよそ十七世紀代の仕官家を中心に五五家を対象とする。最も多いのが法華寺の一一家で、次が光岩寺の八家、龍穏院と福聚寺が七家ずつ、紫雲寺・光善寺が六家、州伝寺が五家、高乾院三家、天沢寺二家という順である。藩主の菩提寺である龍穏院と高乾院の割合は合計しても一八パーセントと少数派である。これを宗派別にみると、曹洞宗・浄土宗が各一四家、二五パーセントずつで、次が日蓮宗二〇パーセント、臨済宗一八パーセント、浄土真宗が一五パーセントといった順になる。

東北地方は、天台・真言系と禅宗系が強いというのが一般的なイメージであるが、三春藩士には天台・真言の密教系の檀家がいない。これは、城下の天台・真言宗寺院は、ほとんど檀家を持たない修験系の寺院であったためと考えられる。そして、藩主がそうであるように秋田由来は禅宗系が多いが、宍戸由来から浄土宗・浄土真宗・日蓮宗が増え始め、三春由来は浄土系や日蓮宗で半数を占めている。これは元々秋田家や三春とは何の所縁もない全国各地の武士が江戸に集り、たまたま家臣を求めていた秋田家に仕官したためと考えられる。時代劇等のイメージで、浪人はなかなか仕官できないと思われがちだが、実際は一定の能力のある武士は、浪人・仕官を繰り返すことも可能だったと考えられ、代々土地に縛り付けられた農民に比べて、武士という特権階級の優位性が見て取れる。

古い伝統を持つ外様大名の家中では、古くから藩主と深い関係にある古参の家臣が政権の中枢を占め、彼らとの過酷な権力闘争により、次第に新参の家臣が力を得ていくのが普通であるが、秋田家の場合は、早い段階から新参の家臣が権力の中枢に入り込み、古参の家臣と対等あるいはそれ以上の権力を得て活躍していたようで、これを象徴するのが次章で紹介する十八世紀前葉の御家騒動である。

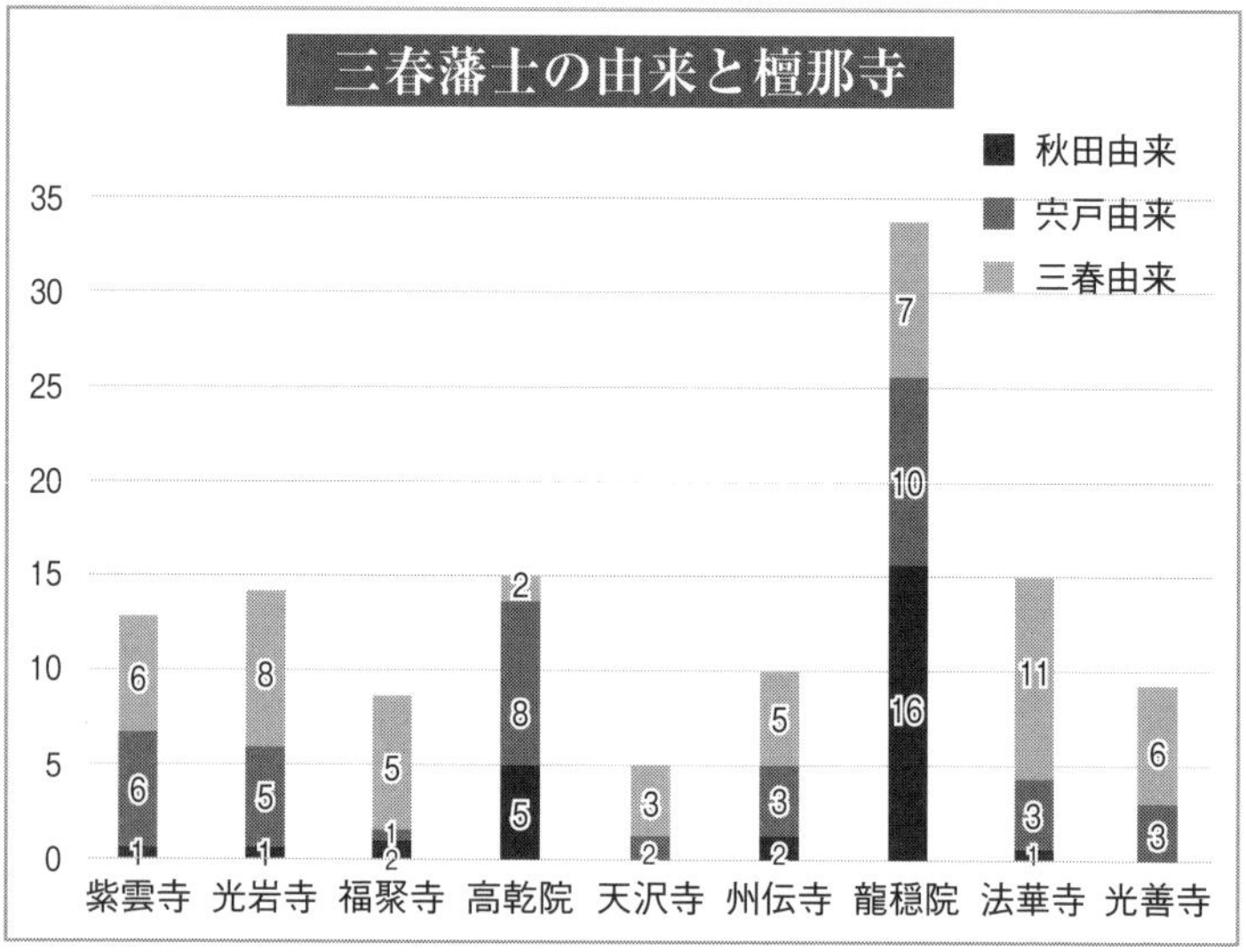

これも三春

三春の名産・名物

江戸時代の三春の産品を記録した資料として、「陸奥国田村郡三春秋田信濃守領地草木鳥獣諸色集書」がある。これは、八代将軍徳川吉宗が享保二十年から元文四年頃（一七三五―一七三九）、諸国の物産を調べさせた所謂産物帳のひとつである（以下、産物帳と略）。

産物帳では、物産を大きく一六類に分け、さらに二段階の分類を設けている。穀類が一七種（二二五小種）、菜類二一種（六六小種）、菌類四三種（四八小種）、瓜類六種、果類二四種（五八小種）、木類一三二種（一五七小種）、草類二三九種（二六五小種）、竹類一二種、藤・蔦類一九種、川魚類一六種、貝類五種、鳥類六一種（七三小種）、獣類二三種、虫類一〇三種（一一三二小種）、蛇類九種、石類一〇種で、合計七四〇種（一一二四小種）が記されている。穀類や菜類、果類が、種が少ない割に小種が多いのは、年貢や主要な食糧で、栽培品種が多いためであろう。また、木類・草類・虫類がそれぞれ一〇〇種以上あるのは、暮らしに身近なものだったためと考えられ、さほど数は多くないが、独立した分類を設けている瓜類や竹類、藤・蔦類も三春での重要性が窺える。

産物帳の最後には、幕府への献上品が記載されている。それは、馬、雉子、細素麺、椚灰である。馬は別項に挙げたように、三春の主要産品である。

次の雉子は、宝暦九年（一七五九）に領内の名所旧跡などをまとめた『松庭雑談』によると、田村雉子と呼ばれて、毎年献上されたという。特に平沢村のものは風味が優れ、尾に一文字の斑があり、真羽の雉子といわれたという。この内容からは、献上されたものが、矢羽根用の雉子の羽ともとれるが、矢羽根産地としての伝承はないので、食用の雉子と思われるが、よくわからない。

素麺については、正徳二年（一七一二）に大坂の医師・寺島良安が編纂した『和漢三才図会』に、備州（岡山県）三原、奥州三春のものは「細白美也」で、予州（愛媛県）、阿州（徳島県）も劣らずとあり、その筆頭に挙げられている。三春城下の産業構成がわかる享保十四年の商売諸職書上によると、酒屋や糀屋が二二軒ずつあったのに対して、素麺屋は二三軒あった。さらに豆腐屋が一〇八軒と圧倒的に多く、寺院の修行僧に供したためとも言われる。しかし、年間を通してこれほどの需要を満たす修行僧がいるとは考えにくく、米があまり収穫できない中で、庶民の需要を満たす主要な食材として、大豆や小麦が利用されたと考えられる。また、『松庭雑談』によると、城下の玉木屋が作る玉木索麺は、「一筋の中に細く穴を通す、皆如形」といい、どのように作ったのかはわからないが、管状の麺で、「風味も至て佳」いとある。

最後の椚灰は、常葉山炭とも呼ばれ、常葉村（田村市常葉町）で作られた椚の木炭で、茶の湯用の菊炭として著名な池田炭（大阪府）にも劣らないという。馬は五月末の参勤時に、素麺は初夏、木炭は初冬に、将軍へ献上している。

　ほかに献上品ではないが、江戸時代前期には将軍の墓所に、領内で産する水晶石を納めている。まず、寛永十八年（一六四一）に、日光東照宮の廟塔に納める水晶石の献上を命じられ、松下長綱が進呈している。次に、慶安四年（一六五一）に三代家光が没すると、秋田盛季は駿府加番中に由井正雪の捕縛に関わった後、十二月に三春へ下向して、翌年水晶石五十駄を日光に献上している。そして、延宝八年（一六八〇）の四代家綱の死に際しては、秋田輝季が石数七万の水晶を上野寛永寺に献じ、宝永六年（一七〇九）の五代綱吉の死去でも水晶石献上が命じられるが、後に取り止めとなり、水晶石献上はこれ以降なくなる。

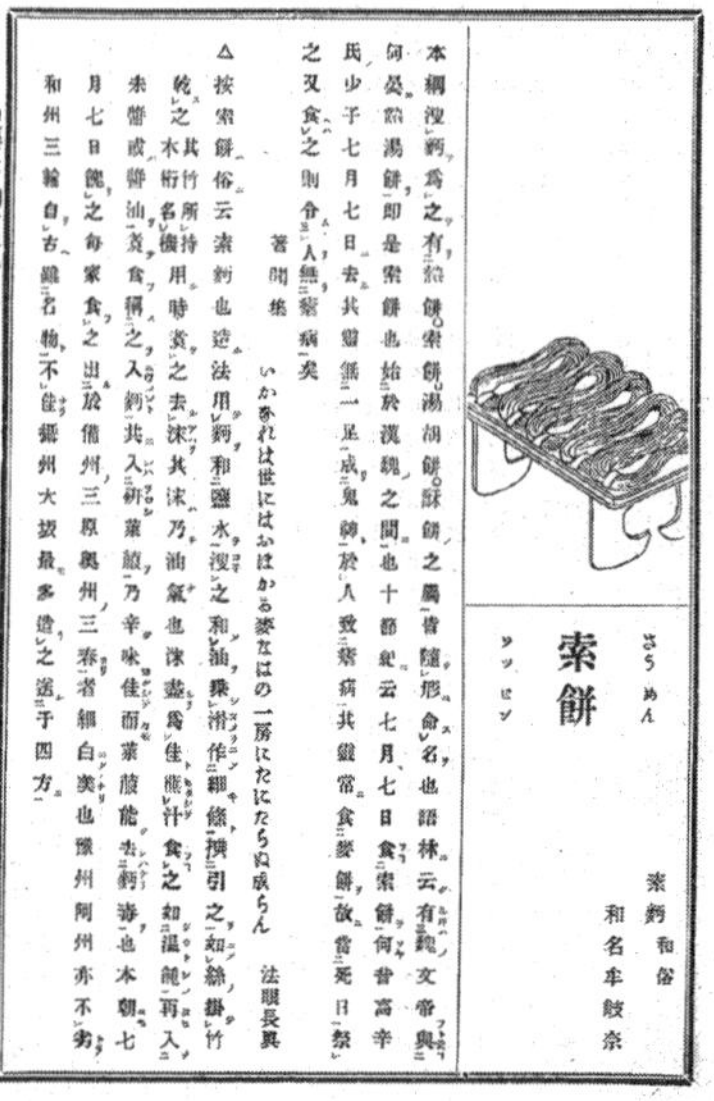

索餅《さうめん》 ソツビン

素麪 和俗
和名牟岐奈

本綱溲麪為之有索餅索餅湯餅餅餅之屬皆隨形命名也語林云有魏文帝與何晏熱湯餅即是索餅也始於漢魏之間也十節紀云七月七日食索餅何昔高辛氏少子七月七日去其靈爲一足成鬼神於人致瘧病其靈常食麥餅故當死日祭之又食之則令人無瘧病矣

著聞集
いかなれは世にはおほかる麦なはの一筋にたにたちぬ成らん　法眼長興

△按索餅俗云素麪也造法用麪和鹽水溲之和油乘滑作細條掛引之如絲掛竹乾之其竹所持用時煮之去沫其沫乃油氣也沫盡爲佳熊汁食之如温飩再入未醬或醤油煮食稱之入麪共入蔬菜韮乃辛味佳而菜菔能去麪毒也本朝七月七日饒之毎家食之出於備州三原奥州三春者細白美也豫州阿州亦不劣和州三輪自古雖名物不佳攝州大坂最多造之送于四方

和漢三才圖會卷第百五　造醸類　千八百一

『和漢三才図絵』より「索餅（そうめん）」


　この石の正確な用途は不明だが、昭和三十年代後半に増上寺の徳川家霊廟跡で実施された発掘調査の際、九代将軍徳川家重の墓所から大量の経石が発見されている。

　これらは、石室内側上部を巡る樋のように組まれた石組みの中から、二センチ四方、厚さ一センチ程度の方解石（結晶質石灰岩）の両面に一文字ずつ経文を記したものが、一万二〇〇〇点以上出土しており、埋葬時の記録では水晶石と呼んでいる。現在も田村市大越町の水晶山付近で結晶質石灰岩の採掘が行われており、これを水晶として献上し、そこに写経をして納めたと考えられる。

　また、享保三年十二月、秋田頼季は領内の宇津志嶽の図を作成するよう幕府の勘定奉行に命じられ、翌年春に献上している。この時、相馬藩主相馬尊胤は野馬追の図の作成を命じられており、後に産物帳の制作を全国の大名に命じたのと同じで、徳川吉宗が各大名領国の名物を調査した一環と考えられる。そうした中で、三春では宇津志嶽（移ヶ岳）が選ばれたようである。

　なお、幕末には、京都の御所に「国産」として真綿十把を数年にわたって献上しており、養蚕、さらに葉煙草なども重要な産業であった。

　このように、三春では馬や素麺など全国に知られた産品もあったが、残念ながらそれが領民全体の暮らしを豊かにするまでには至らなかったようである。

これも三春

滝桜と三春の桜

三春と聞くと、「滝桜」を思い浮かべる人が多いと思う。毎年、四月中旬の二週間前後の開花期に、全国から一〇万から三〇万人以上が訪れる人気の桜である。城下から約五キロメートル、旧滝村の桜久保という日当たりが良く、風が遮られる窪地の南東向き斜面に植生する。大きさは、高さ一三・五メートル、太さ根回りで一一・三メートル、枝張りは東西二五メートル、南北二〇メートルの巨木である。

「エドヒガン」という種で、花色は赤が強く枝垂れる形質を持つことから「ベニシダレ」に区分される。サクラは自家不和合性が強いため、滝桜の花はほとんどが近隣に生える別のサクラの花粉を受粉して結実する。さらに枝垂れる形質は劣性遺伝といわれ、滝桜の種子を蒔いても枝垂れるものは一割程度で、同じような色の花をたくさん咲かせるものはさらにその一割ともいう。しかし、滝桜を中心として、三春周辺には、ベニシダレの古木が数多く分布している。それらは、寺・神社・墓地や、城館・武家屋敷・庄屋屋敷跡といった地域コミュニティや権力の拠点となる場所が多く、樹齢百五十年から三百年程度が主体である。このことから、江戸時代中期以降、桜の苗を育てる技術が確立し、こういった場に植樹されたと考えられる。現在は、このような滝桜の子とされる樹の枝を接ぎ木して育てた苗木が主に生産されている。

大正十一年（一九二二）、「根尾谷淡墨ザクラ」（岐阜県本巣市）、「山高神代ザクラ」（山梨県北杜市）、「狩宿の下馬ザクラ」（静岡県富士宮市）、「石戸蒲ザクラ」（埼玉県北本市）と、「三春滝ザクラ」が桜では初めて国の天然記念物に指定され、五大桜と呼ばれた。このうち、淡墨は千四百年前に継体天皇が、神代は二千年前に日本武尊が植え、そして、狩宿は八百年前に源頼朝、石戸はその弟の源範頼が関わった桜といい、この由緒が樹齢の根拠になっている。東北の山里育ちの滝桜は、著名な人物との関わりはなく、明治期に田村郡教育会が編纂した『田村郡郷土史』では、天文年間（一五三二～一五五五）に植えられたと伝わるとし、当時は樹齢四百年とされていた。しかし、天保七年に記された「滝佐久良の記」に「領主正保二年（一六四五）ここに封を移したまいし頃も既に愛ずるばかりの樹なりし」とあり、約四百年前にはすでに大木であったことがわかり、現在の植物学者らは樹齢千年以上と推定している。

このように千年の樹齢を誇る滝桜だが、主幹の芯の部分は腐って、高さ六メートル位まで子どもが入れるほどの大きな空洞になっていた。しかし、近年は上部から伸びた複数の不定根が成長して、空洞はほぼ埋まっている。また、毎年四十センチ程度新しい枝を伸ばしてたくさんの花を咲かせ、初夏には青々とした葉を重たげに揺らし、樹勢は概ね良好である。地元の滝桜保存会の方々が、近隣の落ち葉を集めて作った堆肥を与えているおかげであろう。

宝暦九年（一七五九）に記された『松庭雑談』には、城下から一里ほどの滝村に、太さ五囲余り、枝縦横一八間の糸桜があり、花の頃には近隣の尊卑が群集するとある。そして、藩主・秋田氏は、この桜を保護するため、周囲の畑の高三斗二升五合の年貢を免じたともいう。

長岡藩士が享和三年（一八〇三）に記した『陸奥の編笠』に、次のようにある。滝村の左の方に、山平き凹なる平地一町四方ほどあり、真ん中の少し小高い所に老木の枝垂れ桜が一本ある。幾百年歳を歴たるか知る者はない。廻りを三人で手を廻しても届かず、上で四つ又に分かれ、一本の枝でも大木で、それから小枝が四方に分かれ、やがて二〇間四方ほどになり、衣笠を開いたように四方に垂れ、下から手も届くほどである。花が咲き始めると村長が連絡し、藩主が四面に柵を設け、一枝たりとも折ることを禁じた。正面の小高い平山に、松の並木を植えた景色の良い場所があり、藩主在城時は、開花期に何度も来て、幕を廻して近習に詩歌を作らせ鑑賞する。全国でも稀な桜なので、詳しい絵図が京都に伝わり、堂上人の詠吟も多くあるという。

そして、『田村郡郷土史』によると、天保六年（一八三五）に藩士の草川次栄が京都に行った時に、賀茂季鷹らと会談し、話が滝桜に及ぶと、季鷹は本朝無二の大桜と称賛し、桜の賛歌を詠じて撰歌集に入れ広く紹介した。さらに二人は桜の図に大きさなどを記して、大炊御門経久ら五卿に見せると称賛され、ついに光格天皇の叡覧となり、三春滝桜として記録されたという。そして、同八年に草川は公卿の歌を藩主に上呈し、秋田家の家宝に加えられたという。

この時の京都で作成した図が「滝佐久良の記」と推測され、そこには、いつから生えているかわからないが、滝のある場所ではないのに滝村と呼ぶのは、桜を見て滝桜と言い、後に村の名になったのかとある。

天然記念物保存を推進した三好学は、「本樹は紅枝垂にして、花は概ね三箇ずつ繖形に着き、花弁約六分、花径約九分、花弁は長楕円形、長さ約五分、幅四分、一様紅色を呈す萼の全部に密毛あり、萼筒は膨れ球形をなす、雄蕊約二十三本、雄蕊の中部以下密毛あり」とし、ソメイヨシノと比べるとかなり小さく、花数も少ない。そして「三春附近には、滝桜と同種の紅枝垂少なからざるも、該桜樹の如く巨大なるものなし、蓋し全国を通じ枝垂桜、殊に美麗なる紅枝垂の代表的巨樹として保存を要すべきものなり」としている（『天然記念物解説』大正十五年刊）。

大炊御門経久が「都まで音に聞こえし滝桜　いろ香を誘へ花の春風」と歌っているように、東北の山里の桜が、数百年にわたって、藩主をはじめ地域の人々が大切に保護したことで、都人が憧れる桜に育ち、三春の代名詞となった。

第三章 御家騒動と藩政の転換

家中騒動を乗り越えて、新たな秋田家と三春へと変容した。

紫雲寺境内の腹切り梅

① 三春秋田家猫騒動

御家騒動の伝説は、歴史を正しく伝えるものではないが、正史としては記録されにくい部分も含めた伝説となることで、当時の世相を後世の人々にわかりやすく伝えてきた。

御家騒動の伝説

江戸時代の三春を語り伝える数少ない話として、「猫騒動」や「滋野火事」「腹切り梅」などと呼ばれる一連の怪談がある。これらは、十八世紀前葉に実際に起きた三春藩内部の権力闘争と、その前後に三春で起こったいくつかの事件を元に、後に流行した各地の怪談の要素を取り入れながら、その時々の人々の興味を引くように創作された物語である。当然、事実とは相容れない部分も多いが、権力者の裏話のようなものでもあるため、正規の歴史としては記録されにくい内容を含んでいる。そして、実在した人物や場所、事件が数多く取り入れられ、聞く者に真実ではないかと思わせる内容に仕上がっている。まずはその概要を紹介したい。

三春秋田家猫騒動

江戸時代の中頃、荒木内匠《たくみ》という家老がいた。荒木は藩政を我がものとするために、若君を殺害して自分の子を藩主の座に据えようと企んだ。ところが、若君に仕える滋野多兵衛という侍がその企てを邪魔するため、荒木は滋野にあらぬ罪をきせて切腹へと追い込むことに成功した。身寄りのない滋野だったが、世話になった乳母が一人おり、別れを告げるために乳母の元を訪ねると、かわいがっていた猫が切腹の場である紫雲寺境内までついてきてしまった。そこで滋野は、猫とともに恨みを晴らそうと誓って、猫を切り捨て自身も果てた。すると傍らにあった梅の木の花の色が白から紅に変わり、さらにその実は熟すると腹を切ったかのように二つに割れるようになったという（腹切り梅）。

その後、若君も亡くなり、荒木の子が藩主の座に就いて、藩を牛耳ることに成功したという。しかし、しばらくすると、荒木の屋敷に夜な夜な化け猫や妖怪変化が現れるようになった。そして、ある風の強い冬の晩に、滋野の霊と化け猫が現れ、次々と荒木派の人々の屋敷に火をつけて廻り、城下を焼き尽くす大火となった（滋野火事）。その後も、秋田家や荒木氏の関係者に不幸が続いたという。

伝説の背景

この話の背景には、まず、正徳五年（一七一五）に三代藩主秋田輝季の嫡男・就季が家督を相続する前に没したため、御両家の一家である荒木高村の実子《じっし》が輝季の養子に入り、四代藩主頼季《よりすえ》となったことがある。そして、詳細は不明だが、その前年に就季附きの小姓・滋野多兵衛《しげのたべえ》次通《つぎみち》が切腹させられており、これらを「正徳事件」と呼んでいる。

さらにその後、荒木高村の一派が権力を握ったため、それに対抗する派閥との抗争が激化した。その結果、頼季は享保十四年（一七二九）に高村を禁足《きんそく》★し、荒木派の多くを処罰することになる。しかし、この経過が幕府に知れると、頼季の閉門《へいもん》★へと発展した。これを「享保事件」と呼んでいる。

この一連のお家騒動は、藩主の血筋とともに、家中の権力構造が変化し、さらに城下をはじめ領内の有力商人、上層農民たちの利権が絡んだ大事件でもあった。そこで、伝説も交えて詳しい経過を追ってみたい。

▼禁足
屋敷内に軟禁し、外出を禁止すること。

▼閉門
罰として、屋敷も門や窓をすべて閉ざして、出入りを禁止すること。禁足は個人に対する罰だが、閉門は家全体に対する罰となる。

◇2 正徳事件

秋田輝季の嫡男・就季の忠臣だった滋野多兵衛が切腹させられ、翌年、就季が没すると、御両家の荒木高村の実子が養子に入り、秋田頼季として四代藩主の座に就いた。

荒木高村の前半生

まず、荒木高村の生い立ちである。前章でも述べたが、大坂の陣で秋田家の客将だった荒木高次が戦死したため、その遺児・高綱を秋田実季が家中に招いた。この高綱と実季の娘・真空院の間に生まれた男子が荒木高宅《あらきたかいえ》で、実季の弟で若狭小浜藩酒井家の家老を勤める安倍英季《あべふさすえ》の娘を高宅が娶って、高村が生まれた。そして、高村も英季の孫娘を夫人に迎えた。さらに輝季は小浜藩主・酒井忠直《さかいただなお》の娘を正室とし、輝季の娘の養真院《ようしんいん》も、後に酒井一族の前橋藩主・酒井親本《さかいちかもと》に嫁いでおり、輝季と高村は、実季の曽孫同士で又従兄弟であるほかに、幕府の要職を勤める酒井家を介した縁も深かった。

なお、高村の生年は不明だが、延宝三年（一六七五）に盛季の大坂加番に同行したということから、寛文年間（一六六一～一六七三）の生まれであろう。

高村は掃部《かもん》、外記《げき》と名乗り、天和元年（一六八一）に百五十石で召し出され、貞享二年（一六八五）に御用見習に就いた。しかし、これは本来、荒木家の嫡子が就くべき役職ではない下役であった。このため高村は、見習だからと言って鑓ではなく竹刀を持って江戸に参勤し、高級な麻織物である高宮縞《たかみやじま》の袴と帷子《かたびら》を着て勤め、江戸を見習うためと言っては夜中に藩邸を出て遊び歩いたり、勤め方の番付（藩の役職順番）に文句をつけたりした。そこで堪り兼ねた輝季が、「よく勤めているようだが、猶更存分に念を入れて勤めるように」と高村に苦言を呈すると、高村はそれまで以上に夜中に外出したという。

なお、これと直接関係があるのかわからないが、輝季は元禄十五年（一七〇二）に、江戸詰の藩士たちに七ツ半（夕方五時）までに藩邸に帰るよう命じている。また、元禄期に大名の評価をまとめた『土芥寇讎記《どかいこうしゅうき》』にも、輝季の逸話として門の出入りが厳しいとある。さらに秋田や家中の言い伝えをまとめた記録に、江戸で火事の時に、輝季が火事の場所を家臣に尋ねると誰も答えられなかったため、重臣の秋田信行から「外出を嫌うからこのようになる」と言われたとある。

その後、父・高宅が没すると秋田家を出ようかと考えるが、これまで通りの六百石で家督が許され、年寄、さらに元禄二年には城代を命じられたので家中に残ったという。ただし、荒木家の家譜によると、御用見習拝命が貞享二年七月十二日で、二カ月後の九月二十三日に高宅が没し、十一月三日に家督相続、五日に老職に就いており、これらのエピソードは、さらに若い時の話かと推測される。

それから藩主輝季の元で二十年以上勤め、正徳二年（一七一二）に内匠《たくみ》と改名した。翌年、高村は三河吉田橋（現愛知県豊橋市）の普請手伝いに三春藩大奉行として赴き、無事勤めを終えると幕府から白銀三〇枚等を賜り、秋田家でも百石加増をされて大老に就任した。この橋普請について、高村のやりたい放題の行状が伝わっている。普通、手伝いの大名は、上役である幕府の奉行たちに進物を贈るものであるが、高村はそれを贈らないばかりか、工事の進め方にあれこれと難癖をつけるため、逆に奉行たちが高村の御機嫌を窺うようになったという。また、普請が完了すると、手伝いの大名は普通、幕府の奉行が帰った後で片付けをして二十日程後に江戸へ帰るものだが、高村は普請小屋ごと町人に与え、片付けを任せて早々に引き上げたため、道中で奉行たちに追い付き、江戸到着がほぼ同時となった。このため、まるで奉行たちの首尾が悪かったように思われたという。

就季の死と頼季の藩主継承

さて、輝季の嫡男・就季は、寛文十一年（一六七一）に江戸で生まれ、童名《わらわな》を万千代といった。八歳で疱瘡を患うが治癒し、延宝八年（一六八〇）、徳川綱吉の将軍就任に際し、十歳で初見を果たした。天和三年（一六八三）には、火災から復旧した飯倉の下屋敷へ万千代が引移った記録があることから、十歳頃には独立した屋敷で暮らしていたと推測される。そして、貞享元年（一六八四）に半元服《はんげんぷく》★して大蔵広季と名乗り、翌年本元服すると、甲斐谷村藩《かいやむら》（山梨県都留市周辺）主秋元喬《あきもとたか》知《とも》の娘・梶《かじ》（胸海院《きょうかいいん》）との婚姻を願い出て、年末には従五位下伊豆守に任じられた。翌年正月に結納を交わすが、何らかの理由で遅れ、元禄元年（一六八八）に婚姻し、同三年に三春に初入国すると、その後は輝季と交替で参勤交代した。しかし、部屋住みのためか、公役等の記録はほとんどない。

その後、不幸が続き、宝永三年（一七〇六）に長男・万千代が、同五年には正室・胸海院も死去した。同七年に就季と改名するが、翌正徳元年（一七一一）には二男・大蔵《おおくら》も亡くなる。そして、同三年に二女・岩《いわ》が生まれるが、翌四年長女の銀《ぎん》が亡くなり、ついに翌五年六月四日に就季自身が四十五歳で死去し、就季の血を継ぐ者は岩だけとなった。

これに対して、荒木高村の長男・主水《もんど》は、元禄十一年に三春で生まれた。宝永三年に秋田家の分家のひとつで八百石の旗本・秋田季豊《あきたすえとよ》が嫡子を残さずに急死したため、主水が末期養子となり、季侶《すえとも》と改名して家督を相続した。なお、季侶はこの時、実際より二歳上の十一歳として幕府に届け出ている。そして、正徳四年に七代将軍徳川家継《いえつぐ》に初見を果たすが、翌年の就季死去をうけ、七月に輝季の養

▼**半元服**
本元服前の成人儀礼で、額の角の髪を剃ったり、袖留をしたりするほか、童名から実名（諱）に改めた。

子になり頼季《よりすえ》と改名し、旗本秋田家の八百石は幕府に収められた。頼季は、九月には改めて家継に初見し、十二月に輝季が隠居すると家督して、従五位下主水正《もんどのしょう》に任じられた。その後、享保五年（一七二〇）に輝季が七十二歳で亡くなると、翌年、信濃守に改める。この年、頼季の側室・清香院《せいこういん》に男子（後の延季）が誕生するが、藩主の嫡子としてではなく、安倍民部《みんぶ》として三春の荒木家で養育された。そして、輝季の養女として育てられ、十三歳になった就季の娘・岩は、同十年に頼季と結婚した。

滋野多兵衛と腹切り梅

さて、もう一人の主役である滋野多兵衛は、諱名を次通《つぎみち》といい、御用人を勤めた草川次綱《くさかわつぎつな》の庶子だったが、次綱の養子に入ったという。次通は、元禄十年（一六九七）に就季の小姓として百石で召し出されるが、草川家に男子が誕生したため分家して滋野に改姓し、正徳四年（一七一四）十二月四日に自刃を賜った記録が残る。なお、草川次綱は元禄十一年三月に亡くなると、同年十月に嫡子の綱忠が家督を相続しており、滋野改姓とは時期的に合わず、不詳である。

滋野自刃の罪状は不明だが、申渡書として伝わる写書によると、厚恩を忘れ、おのれが功を立て、名を求めんと利欲の邪儀を謀り、あちこちで偽りを語り廻り、上（輝季と就季か）の仲を妨げようとしたとある。なお、三春城下に滋野の屋敷は確認できず、会下谷の就季の屋敷（御部屋）内の長屋に暮らしたといわれ、江戸参勤時は飯倉の下屋敷内に暮らした可能性が高い。

伝説では、就季が幕府から拝領した宝刀を荒木氏が盗賊に盗ませ、滋野に責を負わせたとも、荒木派の老女柳瀬《やなせ》と藩医三宅良庵《みやけりょうあん》が、滋野が毒見をしていない食事を若君に勧めていたため、やむを得ず滋野が草履を膳に投げつけた罪ともいう。ただし、伝説と違い、滋野が仕えた就季は、若殿といっても四十歳を過ぎた大人であった。そして、切腹の場となった紫雲寺《しうんじ》に、検使の平野義輔《ひらのよしすけ》と大綱義純《おおつなよしずみ》、介錯人の足軽小頭・武田文六《たけだぶんろく》が集まると、隣の平沢村に乳母がいるので、別れを告げに行きたいと滋野が願い出る。大綱はこれに反対するが、平野は自分が責任をとるからと許可した。そして、無事平沢村から戻った滋野は、腹を十文字に切ってから介錯するよう武田に頼む。しかし、滋野が短刀を腹に突き立てるやいなや武田が太刀を振り上げたので、滋野は血眼で武田を睨み付けたという。武田は縮み上がりながらも堪え、滋野が十文字に腹を切った後、首を落とした。その後、平野家は子孫が繁栄したが、大綱は享保十四年（一七二九）に追放され、武田は滋野の怒りの形相が忘れられず、乱心して改易されたという。なお、紫雲寺境内に現在生育する「腹切り梅」は三代目で、腹を切ったように実が割れるというのは、実際はウメではなく、アンズの一種だからという。

◇3 享保事件

絶大な権勢を得た荒木高村だったが、対立勢力との溝が深まった。それを収めるために、藩主頼季は実父高村に蟄居を命じるが、騒動が幕府の知る所となり、頼季は閉門を命じられた。

荒木高村の隠居

頼季が新藩主となった翌享保元年（一七一六）、荒木高村も隠居して隠居料三〇人扶持を受け、次男の鉄之助《てつのすけ》高保《たかやす》が家督相続した。しかし、高保が同三年に早世したため、以前から荒木家で預かっていた頼季の妾が産んだ織部《おりべ》高伏《たかふし》に継がせたが、高伏も同六年に早世した。このため、同七年に旗本の長田甚左衛門《おさだじんざえもん》の八男・儀太夫《ぎだゆう》を養子に迎え、外記《げき》高如《たかゆき》として五百石で家督を継がせた。高如は後に城代に就き、八百石まで加増を重ねたが、同十二年に没してしまう。そこで同年、再度旗本の土方民部《ひじかたみんぶ》の子・多宮《たみや》を養子に迎え、金右衛門《きんえもん》高珍《たかよし》として家督を継がせると、高村の隠居から十年、四代目にしてようやく荒木家の当主が安定した。

高村は隠居に際して、輝季から重要な案件については家老たちの相談に応じるよう命じられており、隠居後も玄蕃と名乗って度々出仕していた。このため、一部の重臣からは煙たがられていた。しかし、実子を藩主の座に据えた高村の権勢は、家中に留まらず階層を超えて絶大となり、南町の屋敷には町人や百姓まで大勢が出入りするようになる。それに伴い、御隠居様へお出入りなどと言って、その威を借る者や、高村の名を語って悪事を働く者まで出現したという。

享保事件

享保五年（一七二〇）、四十年以上三春藩を牽引してきた輝季が没すると、家中の構成にも変化が現れる。享保十年正月、細川本家の忠元が出奔から約五十年を経て帰参し、荒木高知の次席に座り御両家が完成した。六月には滋野の検使を勤めた平野義輔の父・義元《よしもと》が、翌年七月には馬産振興などで活躍した中村政徳《なかむらまさのり》が隠居する。彼らは三春入部以来、家中第一位の地位にあった重臣・秋田四郎兵衛家の姻戚で、輝季政権の重役であった。そして、同十三年六月、頼季が三春に入国する頃、荒木高村に町人の収賄事件への関与疑惑が持ち上がった。そんな疑惑を持たれることが気に食わない高村は、預かっていた頼季の子・民部を連れて秋田家を退出したいと頼季に願い出た。しかし、藩外へ騒動が知られるのを畏れた重臣たちは、高村に退出ではなく藩政から身を引く完全な隠居を勧める。そんな中、

秋田頼季肖像
（東北大学附属図書館蔵）

八月には反荒木派の首脳であったと考えられる秋田四郎兵衛泰行《あきたしろうべえやすゆき》が、理由はわからないが秋田家を退出してしまう。さらに年が明けると、両派の間で居場所を失った頼季が、病気が再発したとして問題を収拾しないまま、半年も早く江戸へ参勤してしまい、混迷が極まる。

　残された高村は、町奉行所の収賄調査結果に納得できないので、詳しい説明と自身による直接の調査を願い出る。すると、業を煮やした家老たちは、秋田家の姻戚で幕府老中の美濃加納《みのかのう》藩主・安藤信友《あんどうのぶとも》に相談し、高村蟄居の裁定を得ることに成功する。これを三春にいる輝季後室の貞巌院《ていがんいん》に伝えると、五月に貞巌院から高村へ、刀を取り上げての蟄居が申し渡され、高村夫妻は荒木家当主高珍《たかよし》の元で軟禁された。この時、軟禁場所（座敷牢のようなものか）の工事に時間がかかり、高村は丸一日小便に立つこともできなかったという。なお、貞巌院は、本性院が亡くなった後、輝季の側室から正室に就いた女性で、詳しい出自は不明だが、当時の秋田家年寄筆頭の秋田（佐塚）実当の養女として輿入れしている。

　その後、収賄に関わっていたとされる藩士・山口加平次《かへいじ》、大綱義純が追放等になり、高村の弟・荒木又市《またいち》の家来渡辺長右衛門《わたなべちょうえもん》が死罪となった。すると、これに納得できない長右衛門の妻子が、江戸に出て幕府の目安箱に訴えたことで、事件は幕府の知るところとなり、高村や又市は江戸に召喚され、老中、大目付らにより詮議が行われた。

そして、享保十五年三月七日、月番老中の松平乗邑《まつだいらのりさと》の屋敷に老中列座の元、秋田家の姻戚で幕府との間を取り持っている旗本・朽木大和守《くちきやまとのかみ》と、五千石秋田家当主・兵部が立合い、頼季らに処分が申し渡された。その内容は、高村が藩政の妨げになったので、家中及び姻戚である安藤信友と相談して処分を決めたことは問題ない。しかし、その際に高村の刀を取り上げたのは実父に対する不忠であるとして、頼季には閉門を申し渡し、高村の処分に実際に関わった貞厳院は、前藩主未亡人の身での藩政への関与が問われて謹慎とするものだった。これに対し高村へは、秋田家中で悠々自適の隠居暮しを送るよう申し渡された。

なお、藩主頼季の閉門とは、秋田家三春藩全体の閉門であり、江戸の藩邸の門が閉ざされるばかりか、三春城下の藩士の屋敷もすべて閉じられ、無用の出入りが禁じられた。領民も他所への出入りや神事仏事の遠慮を強いられており、経済活動も著しく停滞したであろう。

④ 秋田家の怪事件

頼季以後は荒木氏の血筋となった三春藩主秋田家は、災害や病気などの不幸に見舞われたのに対し、滋野多兵衛は次第に名誉を回復し、怪談が成立した。

頼季の後半生と延季の家督

秋田頼季の閉門は、四カ月後の七月に解かれた。翌年正月には二代将軍徳川秀忠の百回忌で増上寺へ参詣する将軍吉宗の行列に供奉し、その後も吉宗・家重父子の行列供奉等を勤めた。そして、享保十七年（一七三二）夏、三年ぶりに三春へ帰った頼季は、秋田時代の祖先を供養するために「尊霊塔《そんれいとう》」という供養塔を龍穏院に建立したほか、俊季の三春入部以来、湊福寺《そうふくじ》と称していたもうひとつの菩提寺を実季の法名をかざす高乾院《こうけんいん》に替えた。これは、頼季と血縁がある実季以前の祖先を供養することで、自身の正統性を主張しようとしたと考えられる。

その後の頼季は、以前のように江戸城外桜田門の番を勤めるほか、江戸城の堀浚いや駿府城番中に罪を犯した旗本の松平民部を預かるなど公役を重ねており、

秋田家尊霊塔（龍穏院）

閉門は頼季の経歴に傷をつけるものではなかったようである。そして、寛保三年（一七四三）に江戸で四十六歳の生涯を終え、嫡子延季《のぶすえ》（治季が将軍家治の諱を避け改名）が五代藩主に就いた。

なお、高村の蟄居時に安藤信友の裁定で、荒木家から民部を引き上げて嫡子にすることが決まっていたが、享保十八年に再度信友と相談してから、民部を嫡子とし、東太郎治季《とうたろうはるすえ》と名乗らせた。治季の嫡子成がこうも慎重に行われたのは、養子の子で、その上妾腹の子であることが憚られたと考えられる。このため、頼季は江戸上屋敷で家中へ嫡子のお披露目をする際に、正室で就季の娘である岩に男子ができれば、それを治季の嫡子とすると宣言している。このことから、この段階での治季（さらに頼季も）は臨時の藩主代行者に過ぎず、秋田家においては織田・豊臣・徳川家とつながる俊季の血筋が重視されていたことが窺える。

しかし、言い伝えによると、岩は頼季を親の敵と信じており、家を存続させるために婚姻の盃は交わすけれども、床を同じくすることはできないと言ったとされ、結局岩が子を授かることはなく、終に俊季の血は絶えた。余談であるが、その後も秋田家では正室の男子は成長せず、延季以降十一代映季まで側室の子が家督を継承している。そして、このことが後の怪談成立の一因ともなっている。

秋田延季肖像
（東北大学附属図書館蔵）

天明の大火

その後の秋田家は、延季（後に太季《たかすえ》）、その弟の定季《さだすえ》、太季の子・倩季《よしすえ》と代を重ねる。そして、倩季が三春在国中の天明五年（一七八五）二月二十二日、八幡町から出火した火事が、強風に煽られ城と城下町の大半を焼き尽くす大火となった。この大火（一説には明和九年（一七七二）の大火）が、滋野とその愛猫の霊が各所に火を放った滋野火事と呼ばれている。

南町の荒木屋敷跡で行った発掘調査では、この火事で焼けた痕のある遺物がまとまって出土している。その中には、十四世紀から十七世紀初頭の中国製の磁器や、十七世紀後半を主体とした肥前産のいわゆる柿《かき》右《え》衛門《もん》等の磁器や楽焼《らくやき》など陶磁器の優品が多数含まれ、高温で熱せられ他の個体と溶着した組みの陶磁器も多い。この状況から、荒木氏が蒐集した骨董品を含めた陶磁器コレクションを収めた土蔵の中に火が入って、窯の中のような高温で焼けた様子が想像される。

伝説では、火縄を咥えた猫が屋敷に火をつけて廻り、荒木家では宝を納めた土蔵の扉を塞ごうとしたが、入口に裃を着た首のない人が立っていたため近付けず、宝蔵を焼失したという。また、会下谷の元就季屋敷内の滋野が暮らした長屋が焼け残ったほか、秋田家祈願寺の真照寺《しんしょうじ》の門前で火は止まったという。

荒木屋敷跡出土陶磁器（三春町教育委員会蔵）

秋田定季肖像
（東北大学附属図書館蔵）

諡季の発病と多兵衛の八十八回忌

大火からの復興が進んだ寛政九年（一七九七）に倩季は隠居し、嫡男の諡季《やすすえ》が家督を相続した。そして、藩主となって二回目の三春就封も半ばとなった同十三年正月元日の祝儀中に、諡季は病に倒れた。夏の参勤の時期になっても治癒しないので、諡季は幕府の許可を得て三春に逗留し、翌年には幕府の医師平田道眼《ひらたどうがん》を招くが効果はなかった。このため、享和三年（一八〇三）十月に諡季は隠居を願い出、幕府の目付永井直尭が三春を訪れて諡季の病状を確認すると、十一月に隠居が許可されて、弟の孝季《のりすえ》を養子として家督を継がせた。これにより、秋田家は倩季を大殿様、諡季を中殿様、孝季を殿様と呼ぶ三人体制となり、諡季は長季《つねすえ》と改名して、南町の隠居所（御隠亭）で療養した。そして、発病から十年が経った文化八年（一八一一）七月に長季は三十四歳で没し、他の藩主たちが眠る高乾院ではなく、龍穏院《りゅうおんいん》に新たに別の墓所を造成して埋葬された。この時、孝季も三春で病になり、参勤を延引して長季を看取っている。

この諡季の発病に際しては、領内各村の鎮守で病気平癒の祈禱が行われ、秋田実季の墓所伊勢朝熊の永松庵へも、先祖供養として藩士の交野十兵衛が遣わされた。また、藩主は国許襲封時であっても、優秀な医者がいて気候が温暖な江戸に

秋田倩季肖像
（東北大学附属図書館蔵）

秋田孝季肖像
（東北大学附属図書館蔵）

出て療養するのが普通であったが、謐季は三春で十年間療養していることからも、その病状が尋常ではなかったことが想像される。

なお、高乾院の秋田家墓所の就季霊屋跡の隣には、「大乗妙典石写供養塔」という藩主の墓標と見まがうほど大きな石塔があり、背面に「為光照院摂誉浄取居士追薦冥福者也　寛政十三年辛酉二月四日」と刻まれている。この法名は滋野多兵衛のもので、謐季の発病から一カ月後に、大勢の僧たちによって写経された石を地中に納めて、滋野を供養したという。この年は滋野の八十八回忌にあたり、藩主御殿奥の花畑にも、滋野を祀るといわれる鏡石霊神が勧請されており、当時の秋田家中では、謐季発病の原因を滋野の祟りと考えた可能性が高い。

多兵衛の供養と滋野家再興

さて、滋野多兵衛は新家であったために墓地がなく、その草履取をしていた北町の町人・三瓶《さんぺい》嘉助《かすけ》の紫雲寺にある墓地の一画に埋葬された。草川氏の日記によると、四十五年目の宝暦八年（一七五八）に、藩から紫雲寺に常念仏料が下されたとある。そして嘉助の孫の徳右衛門は、安永六年（一七七七）に紫雲寺に金子を納めて、滋野に光照院《こうしょういん》の院号を授かり、同九年には位牌や石塔を直している。

その後、八十八回忌となる寛政十三年（一八〇一）には、草川次起《くさかわつぎおき》が滋野家の

滋野供養塔（右）と就季霊屋跡基壇（高乾院）

滋野多兵衛墓標（紫雲寺）

名跡を継いで再興した。さらに、百回忌となる文化十年（一八一三）には、墓地を代々守ってきた三瓶氏四代目の徳三郎に、その忠勤の褒美として苗字帯刀と、藩が行う高乾院での法要への出席が許可されている。

なお、荒木家では天保十四年（一八四三）に大雨で屋敷の裏山が崩れ、長屋に暮らしていた夫人と子ども二人が亡くなる災害が発生している。発掘調査でもこの時期の土砂崩れの痕跡が発見され、その中から多くの生活道具とともに、「寛政十三年春」の銘が刻まれた地元の焼き物である丈六焼《じょうろくやき》の燈籠の一部が出土した。年号だけなので燈籠建立の目的は不明だが、荒木家でも滋野を供養するための施設を屋敷内に建立していた可能性がある。

怪談の成立

このように、正徳四年（一七一四）に罪人として切腹させられた滋野多兵衛は、江戸時代後期には忠義の士と認められるように変わった。残念ながら、滋野の切腹とその復権の理由を伝える資料は残されていない。しかし、滋野の八十八回忌の正月に藩主が大病を患うと、すぐに滋野の供養を行い、滋野家が再興されたのは、当時の人々が、滋野の霊を慰める必要があると判断したためと推測される。

なお、荒木氏は、明治維新まで藩の重役を代々勤めており、江戸時代にその祖先を貶めることはなかったであろう。このため荒木氏を悪者にし、化け猫が現れる話は、近代以降、鍋島騒動のような化け猫話が講談や映画などで一般に広まった後、それらをもとに創作されたと考えられる。

その後、昭和二十二年（一九四七）、天明の大火と同じ二月二十二日に三春小学校が全焼する火災が発生した。この事件は、「二二」という数字が並ぶことから、人々に神妙な印象を与え、天明の大火を思い起こす契機になったと推測される。はたしてこの時に猫に関わる芝居をしていたかどうかはわからないが、この火災以降、三春では猫の芝居をすると火事になるという「都市伝説」が誕生し、現在に伝わっている。

⑤ 困窮する藩と領民たち

経済が成長しない中、断続的な不作と社会不安に見舞われる。
そこで三春藩は、藩校を創設して人材育成に努めた。
その結果、学芸・武芸が振興して、多彩な人々が育った。

新田開発と農民騒動

江戸時代、各藩の経済規模は、米の収穫量を基準とした石高で表された（米以外の作物も米に換算して算出している）。豊臣政権による太閤検地の結果を本高《ほんだか》（表高）とし、その後に行われた新田開発や生産性の向上、さらに高収入が得られる商品作物への転化などにより、実高《じつだか》（内高）を高めることで、各藩の経済は潤った。こうした方法の中でも、やはり確実に実高を上げたのは、耕地面積を広げる新田開発で、ここでは三春藩の新田開発について見ていく。

三春藩における開発新田は、新田と新開、栗原新田の三つに区分されている。藩の表高五万五千石は、文禄三年（一五九四）の太閤検地で確定した本田である。そして、太閤検地後に開発された耕地を新田とし、そのうち秋田家の入部前の開発を新田、入部後の開発を新開、さらに寛文期以降、栗原兵右衛門の仕法によって開かれた農地を栗原新田と呼んでいる。当初の栗原新田は、郡奉行の栗原が人足を使って新たに一村程度を水路も含めて大規模に割り出し、そこに一人当たり三反歩を割り与えて、三年間諸役を免除、年貢も定額にすることで開発したものだが、次第に規模が小さくなっていった。その石高は、新田が約二千九百八十五石、新開が約二千七百八十六石、栗原新田は天保十五年（一八四四）までに約三千八百二十五石で、合計約九千五百九十六石の新田が開発されたことになる。

しかし、十七世紀末以降は天候不良等による不作が度々発生し、折角新田を開発しても、人口減少による耕作放棄や災害による荒地が発生し、十八世紀半ば以降は本高分の年貢の収納もままならない年が多くなる。

三春藩では、元文元年（一七三六）に幕府の金貨改鋳を原因とする一揆、寛保二年（一七四二）には本藩より取り立てが厳しかった五千石領の年貢徴収等の条件緩和を求める訴願、寛延二年（一七四九）には凶作に伴う一揆などがあった。しかし、藩は騒動の度に農民を厳しく追及するとともに、貧しい農民層を慰撫し、さらに上層農民を取り込んで懐柔したことにより、その後は領内全域に広がるような大きな騒動はあまり起こらなかったという。しかし、小規模な騒動は断続的に発生しており、困窮に耐え忍ぶ生活が常態化していたと考えられる。

うち続く凶作と災害

天明三年（一七八三）、浅間山の噴火による冷害で、領内の収穫はほぼ皆無となり、家臣への扶持米が八月には五割、九月には全量欠配となった。困窮した農民が救いを求めて城下にあふれ、その救済や藩士の扶持のため、越後などの他藩から米を買い入れた。翌年正月には扶持米支給が困難になり、藩士から諸奉公人まで男は一日二合五勺、女は二合の割合で、人数にあわせて扶持を支給する面扶持《めんぶち》制を始めた。領内の商人からは借財もできず、三月に藩主倩季の五十日間の差し控えと引き換えに、幕府から二〇〇〇両を十箇年賦で拝借した。そこから三〇〇両を各村への手当金として配るが、一五〇〇人以上の餓死者が出た。

そして、翌五年二月、城と城下を焼き尽くす大火（天明の大火）に見舞われた。困窮した藩は再度、幕府から三〇〇〇両を拝借するとともに、領内には一〇〇〇両の普請手伝いを申し付けて、城と城下の再建にあたった。この結果、藩士らへの面扶持は寛政六年（一七九四）まで十年間継続され、その後も藩政改革と称し、本来の扶持より何割か引かれて支給されるのが当たり前になってしまう。さらに、冷害、長雨、旱魃などが断続的に発生したために藩財政は回復せず、天保四年（一八三三）と同七年の大凶作の前後は、再び飢饉に襲われた。

天明の飢饉の犠牲者を弔う三界万霊塔
（田村市常葉町）

外国船の出現と海岸警備

このように不安定な経済状況の中、十八世紀後半になると、各地の海岸に外国船がしばしば現れるようになり、国土の安全が脅かされるようになる。そこで幕府は、沿岸の諸藩に海岸警備を命じ、海岸を持たない三春藩へは、蝦夷地警備に追々兵員を出すよう命じた。しかし、困窮する三春藩には、遠く離れた蝦夷地へ出兵するなど無理なことだった。そこで文化四年（一八〇七）に、命令はもっともだが、外国船が南に廻って相馬や岩城《いわき》の海岸に押し寄せた場合、領境から近く持ち場同様の場所もあり、遠くへ出兵すれば残る兵力が少なく、自領も守れなくなるので、人数を限定してほしいと老中の土井利厚に願い出て、了解を得ることに成功した。そして、同六年に小名浜代官の寺西封元を通じて、岩城の海岸にロシア船が出現すればすぐに出兵するよう命じられると、早速準備をすると土井に回答している。その後、文政八年（一八二五）には、外国船出現時の加勢防禦の心得について、勘定奉行の遠山景晋に問い合わせもしている。

結果として、三春藩が実際に出兵することはなかったが、嘉永四年（一八五一）六月と文久三年（一八六三）五月に、藩士が岩城、相馬の海岸調査に出張し、海岸線や集落、河川、道路の様子や沿岸の水深などをまとめた記録が残されている。

藩では緊急事態の発生に備えて、このほかにも何度か情報収集を目的に、周辺海岸の調査を行っていたと推測される。

また、分家の五千石秋田家は、旗本として幕府の要職に就いており、七代の秋田季穀《すえよし》は、天保二年（一八三一）から江戸湾の警備にあたる浦賀奉行を勤めており、三春藩は五千石家からも幕府や外国の情報を得たと推測される。季穀の退任間際の同八年には、浦賀沖に現れた外国船を浦賀詰めの同役・太田資統が異国船打払令に従って砲撃したモリソン号事件が起きている。後にこの船が日本人漂流民を乗せたアメリカの商船であったことが判明し、それを批判した渡辺崋山《わたなべかざん》や高《たか》野長英《のちょうえい》らが幕府に捕縛される蛮社《ばんしゃ》の獄《ごく》に発展するが、事件当時の季穀は江戸詰めで、発覚前に小姓組番頭に異動したため問題にはならなかった。

このように東北の内陸の三春藩においても、間接的に外国船対策に関わっており、一定の危機感を持ったうえで、幕末の混乱に向かっていったと思われる。

幕末の動乱と三春藩

嘉永六年（一八五三）、マシュー・ペリーが率いる黒船と呼ばれた蒸気船を含むアメリカ海軍の艦隊が江戸湾に入り、幕府に大統領の親書を渡して開国を求めた。これにより日本国内は、鎖国政策をやめる開国か、外国勢力を拒絶する攘夷を選ぶかで意見が分かれ、尊王論や水戸学、平田国学などの影響を受けながら、幕府と朝廷、諸藩等の勢力が競い合う混迷の時代に突入する。そして、翌年ペリーが再度来航すると、幕府は下田と箱館を開港する日米和親条約を締結した。

その後、幕府は多くの国々と同様の条約を結ぶが、安政三年（一八五六）に下田に赴任したアメリカの使節タウンゼント・ハリスは、さらに多くの港の開港や、江戸と大坂の開市、貿易・関税などを規定する日米修好通商条約の締結を迫った。これに対して老中の阿部正弘《あべまさひろ》や堀田正睦《ほったまさよし》らは、これまで幕政に関与できなかった外様大名も含めた各大名の意見を聴取し、最後は朝廷から勅許を受けることで条約締結を目論むが、一部の公家の強硬な反対により失敗する。その後、大老に就いた井伊直弼《いいなおすけ》は、同五年に本意ではなかったが条約を締結すると、自身に反対する大名や幕臣、さらに諸藩士、公家まで広く粛清する安政の大獄となった。その結果、直弼は同七年の上巳《じょうし》の節句《せっく》（三月三日）での登城途中、桜田門外で水戸脱藩浪士らに討たれた。そして、翌文久元年（一八六一）に孝明天皇《こうめいてんのう》の妹・和宮が十四代将軍徳川家茂《とくがわいえもち》の元へ降嫁し、公武合体することで鎮静化を図るが、さらに翌二年に、平藩主で老中の安藤信正《あんどうのぶまさ》が坂下門外で襲撃されるなど混乱が続いた。

当時、幕府の開国政策を推進した代表的な幕臣に、岩瀬忠震《いわせただなり》がいる。岩瀬家は秋田延季の子・氏紀が養子に入った旗本岩瀬家の分家で、氏紀の孫にあたる忠升が忠震の養子に迎えられたほか、忠震の築地の屋敷は、五千石秋田家と一軒挟んだ隣家でもあり、秋田家とも交流があったと想像される。さらに、岩瀬の右腕として活躍した幕臣・平山謙二郎《ひらやまけんじろう》（図書頭敬忠）は三春藩の剣術師範・黒岡安照《くろおかやすてる》の実子であったため、平山から幕府の情報が三春藩に伝えられた可能性が高い。しかし、岩瀬、平山とも安政の大獄で失脚し、岩瀬はそのまま文久元年に病死した。これに対して平山は、井伊の死後復職し、最終的には若年寄にまで進んだ。

なお、三春藩は通常、江戸城の外桜田門や神田橋門の門番を勤めていたが、この頃は、多くの大名が海岸警備などに駆り出され兵員が不足していたため、内桜田門の番に格上げされていた。このため、事件とは直接関わらなかったが、当日、持場を通過した大名の記録が残されており、当時の緊張が伝わる。また、江戸市中に各国の公使館が設けられると、文久二年に、麻布善福寺《あざぶぜんぷくじ》に設けられたアメリカ公使館の警備を担当しており、三春藩士たちは幕末の動乱を東北の片田舎からただ眺めていたのではなく、身をもって感じられる場所にいたのである。

藩講所の創設

三春藩では、藩士子弟の教育の場として、天明年間に七代藩主秋田倩季が、藩講所を開いた。そして、倩季は『大学』の中の「大学之道　在明明徳　在親民　在止於至善」より、その講堂を「明徳堂《めいとくどう》」と名付け、自らの筆を執った扁額を掲

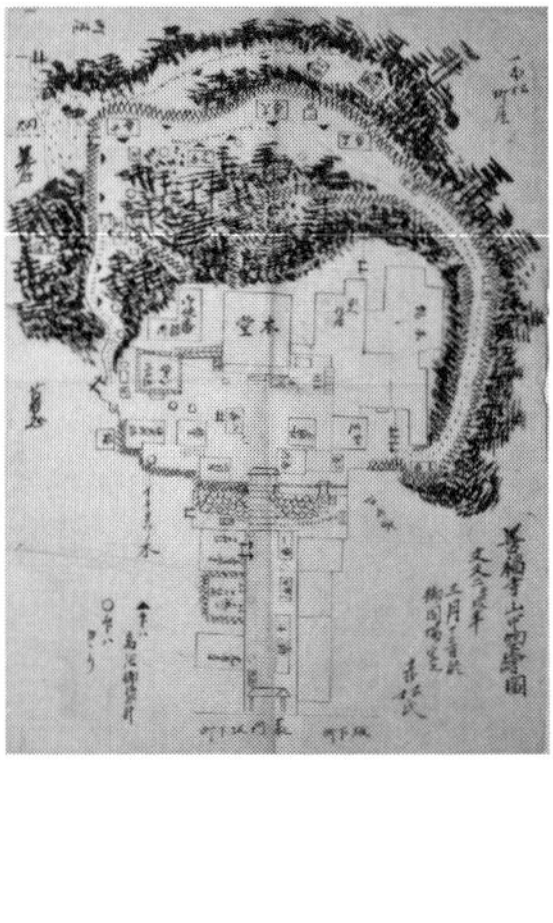

善福寺山中惣絵図（三春町歴史民俗資料館蔵）

げた。この藩講所は設立当初の場所は不明だが、天明五年（一七八五）の大火で被災後、南町南西端に移転し、明治維新まで続いた。なお、講所跡は維新後、学校や公会堂として利用されたが、太平洋戦争後、警察署が建設されることになったことから、三春小学校の校門として、旧追手門跡に近い現在地に移築された。

創設当初の藩講所は、江戸の湯島聖堂《ゆしませいどう》の書生だった松沢某や片瀬《かたせ》作右衛門《さくうえもん》、鳥《とり》居《い》幸《こう》右《え》衛門《もん》らを、林大学家に依頼して教授として招請した。その後、寛政八年（一七九六）に、鹿山《かやま》村（田村市常葉町）出身で、秋田倩季や謐季の近習を勤めた倉《くら》谷又八《たにまたはち》が講所掛に就き、同十二年には、一〇人扶持の給人格で講釈勤め、後に禄高百石で学長にまで進んだ。倉谷は、その故郷の名から鹿山《かざん》と号し、天保四年（一八三三）に七十五歳で没した。その前年に奥村《おくむら》夢軒《むけん》、さらに幕末には山地《やまじ》立固《たちかた》といった藩士出身の儒者が、学長を継承した。

藩講所での教育

藩講所では、四書五経の講義が中心に進められたが、兵学や剣・鎗・弓・柔・砲術などの武術教習もあった。その内容を、嘉永二年（一八四九）二月六日付年寄細川孫六郎《ほそかわまごろくろう》による達書から確認したい。

まず、家中の小児は八歳から講所に入学できるが、幼弱で通学が困難な場合は、

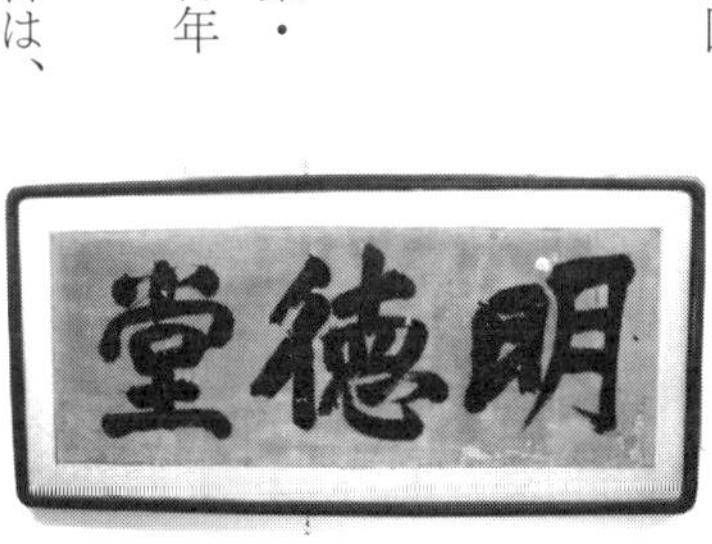

秋田倩季筆明徳堂扁額
（三春町歴史民俗資料館蔵）

藩講所表門（通称明徳門）

習業係と大目付講所世話係に届け出た上で、近所や自宅で素読を学ぶことも可能であった。この近所とは寺子屋のような民間教育施設で、自宅とは親戚や知人から直接教育を受けたものと思われる。そして、八歳から十五歳まで、毎朝五ツ時（午前八時）から四ツ時（一〇時）まで出席し、四書五経を速読できるよう精を出し、順番に質問をしながら素読するとされ、この後は、武術講習などに充てたと考えられる。ただし、十五歳までに四書の速読ができない者は、できるようになるまで出席し、さらに希望する者は何歳まででも出席してもよいとある。ほかに、病気などで欠席の時は、世話係に届け出て、治り次第出席することとある。

年間の予定は、正月十二日が読み始めで、十六日から日業を始め、十二月二十日が読み納めとなり、毎月二日に吟味《ぎんみ》（試験）があった。また、九の日は会読《かいどく》の日で、熱心に修行・聴聞したい者は、大人でも子どもでも出席が許可された。そして、小児で格別に精を出した者には、学長から褒美が下された。この年は三月二日の吟味から日業となるので、二月中に入学の可否を届け出ることとある。

このような藩講所に入学できるのは、給人格以上の藩士子弟だけだったが、明治維新後、下級武士にも門戸が開かれた。明治二年に、藩の柔術師範で徒士格の加藤木直親《かとうぎなおちか》の子・重教《しげのり》が、十二歳で入学を許され、後に藩講所の様子を懐古している。藩講所の教育はすべて漢学により、教科書は『大学』、『中庸《ちゅうよう》』、『論《ろん》語《ご》』、『孟子《もうし》』等いわゆる四書五経の類で、初めは素読（暗唱）だったが、同三年

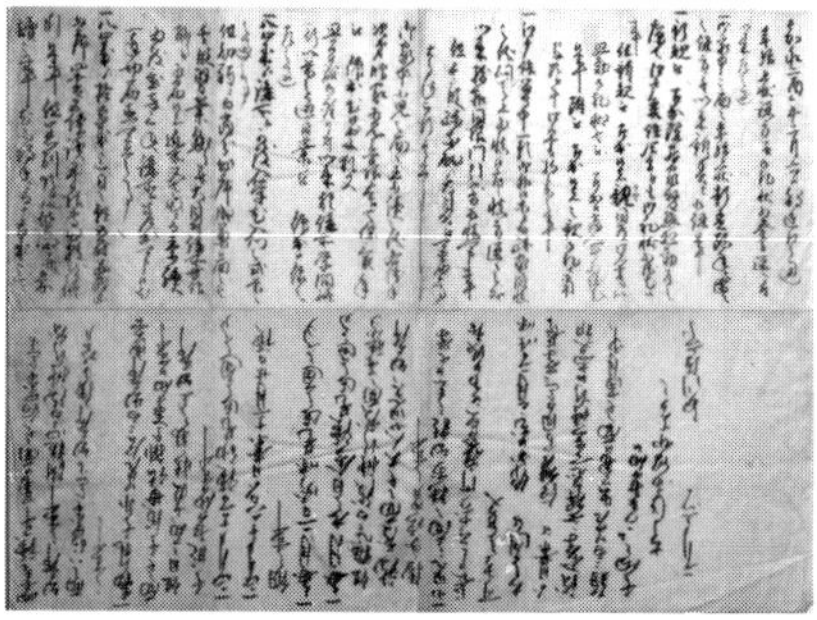
嘉永二酉年二月六日触達（三春町歴史民俗資料館蔵）

末には左氏傳《さしでん》の講義も聴けるようになった。学長の山地は講所内に居住し、習字は助教の和田孫平治《わだまごへいじ》、渡会広見《わたらいひろみ》、藩の祐筆《ゆうひつ》だった依田湖一郎《よだこいちろう》などが教え、当時は生徒全員が寄宿舎に入ったという。素読の授業は、長さ五、六尺で三、四人が並べる机の内側に先生が座っており、空席があればどの先生の所でも生徒が勝手に行けるので、特に受持ちの先生はなかった。しかし、子どもながらに親切で学問のありそうな先生の所に競って行き、なかなか生徒が来ない先生もいた。試験は主に素読で、上級になると講義の試験もあったが、上級・下級の明確な区別もなく、級別もないので、及第・落第などもなく、寺子屋式の教え方だったという。

寺子屋での教育

藩講所への入学が許されない下級武士や庶民は、主に読み書きを教えた寺子屋へ通った。昭和九年（一九三四）刊行の『福島県教育史』には、三春藩領内の寺子屋一四軒の記載があり、その師匠の内訳は、名主が四、僧侶が三、医師と農民が二軒ずつ、武士と神官、学者が一軒ずつである。年代は不明だが、明治期の郷土誌によると、当時の中郷村に一二軒、沢石村に八軒、中妻村に九軒の記載があることから、江戸時代の各村に一軒程度の寺子屋があったと考えられる。三春城下では、荒町の光善寺に開かれた寺子屋が古く、筆子の数も多かったという。

光善寺

過足村の庄屋木幡家で開いた寺子屋の記録によると、安政四年（一八五七）から明治五年（一八七二）までの十五年間に、五八人が入学している。このうち四六人が戸数四四戸の過足村の子どもであることから、村の子どもの半数以上が寺子屋に通ったのではないかと推測される。授業内容は手習いが中心で、平仮名、片仮名、数字、量目といった文字や単位のほか、苗字尽、名頭、村尽など具体的な名称、さらに商売往来、消息往来といった実務的な手紙などを手本に書写し、今川古状揃、庭訓往来、四書五経を読んだり、女子は百人一首や女今川古状揃、女大学などを学んだりした。

なお、三春の寺子屋では、『草川状《くさかわじょう》』という独自の教科書があった。藩士で儒者であった草川《くさかわ》文龍《ぶんりゅう》綱忠《つなただ》が、享保二十一年（一七三六）に著したものである。その内容は、「草川文龍為村之学童訓示條々」「草川文龍為町之学童教授之條々」「草川文龍為組之若輩禁諭之條々」というように、農民・町人・下級武士といった階層に分けて、道徳を教示するもので、漢文体の本文のほかに、指導用の解説文が添えられている。タイトルが示すように、農民には訓（おし）え示し、町人には教え授け、下級武士には禁じ諭すという形式で、「村より来り居て、物習う童のために、訓え示す箇条を書きて、今川状になぞらえて草川状と名付く」といった書き出しで始まる。これらを寺子屋などで音読、暗唱、さらに書写することで、読み書きだけではなく、身分に合わせた生活の規範を学んだのであろう。

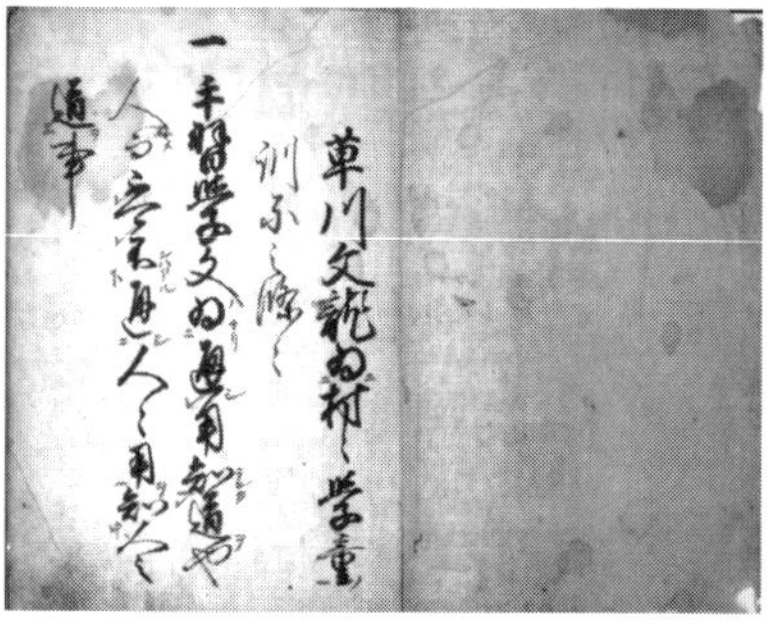

『草川状』（三春町歴史民俗資料館蔵）

佐久間庸軒肖像画
（三春町歴史民俗資料館蔵）

　このほかに、幕末から明治にかけて、和算《わさん》★が流行した。石森村（田村市船引町）の佐久間質《さくまただす》と纉《つづき》（庸軒《ようけん》）父子や、熊耳村《くまがみ》（田村郡三春町）の門馬得善《もんまとくぜん》らが、田村地方内外の農民を中心に町人・武士を含めた広い階層に、最上《さいじょう》流の和算を普及させた。維新前後に藩の地図方に登用され、藩講所では算術教授を勤めた佐久間庸軒は、最上流佐久間派として二〇〇〇人以上の門人を集める私塾を開き、多くの著作も残している。門弟には女性もおり、広い階層に学問を広めた和算の流行が、後の自由民権運動が広がる下地を作ったともいわれる。こうした学習の成果を誇示する巨大な算額を、領内各所の寺や神社に現在も見ることができる。

三春の儒者

　『草川状』を著した草川綱忠は、宝永四年（一七〇七）に大目付、その後は物頭を歴任して、享保十六年（一七三一）に隠居し、寛延二年（一七四九）に没した。この間、正式な儒者として藩に仕えることはなかった。これに対して、山鹿素行《やまがそこう》★の子・高基《たかもと》の高弟として江戸で活躍していた杉山大象軒當太は、享保四年（一七一九）に秋田頼季の招きで二〇人扶持の藩儒として迎えられているが、藩講所が開設されるまでは、ほかに学問で藩に仕えた者はいない。

　そんな中で、荻生徂徠《おぎゅうそらい》の高弟として知られる平野玄中金華《ひらのげんちゅうきんか》は、三春藩医の平

▼和算
明治期に流入した西洋数学とは異なる江戸時代以来の日本の数学で、江戸時代後期には全国の広い階層に広まり、三春周辺では、明治前期に大流行した。

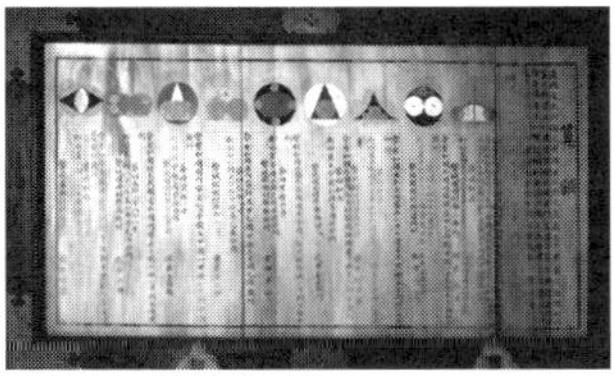
田村大元神社奉納算額
（田村大元神社蔵）

▼山鹿素行
会津若松生まれで、江戸で甲州流軍学を学んだ後、山鹿流を興し、弘前津軽家や平戸松浦家などで広まった。

野長庵の三男として誕生した。長庵は、医師としては格別の禄高二百五十石を受け、秋田盛季・輝季の二代にわたって重用された。金華は、元禄元年（一六八八）に三春で生まれるが、長兄・次兄とも医業を継がなかったため、江戸へ医業修行に上った。しかし、医業が肌に合わなかったため、元々興味があった荻生徂徠に入門したという。攻撃的な性格が祟り、生活は安定しなかったといわれるが、後に守山藩主松平頼寛《よりひろ》に認められて仕官し、頼寛の編輯のよる『金華稿刪』が刊行された。さらに、詩文の研究に留まらず自らも詩作し、代表作とされる七言絶句「早発深川」は、現在も詩吟で詠じられることが多い作品である。享保十七年（一七三二）に四十五歳で病没した。

　同じく荻生徂徠門下の大内《おおうち》熊耳《ゆうじ》は、元禄十年（一六九七）に三春城下北東の熊《くま》耳《がみ》村《むら》の農家に生まれたが、学問を好み、平野を頼って江戸へ出たという。しかし、平野ではなく、同じく徂徠の弟子で岡崎藩の儒者秋元子師に師事したという。その後、京都、長崎に遊学し、江戸に帰ると徂徠門下生らと交友し、浅草に私塾を開いて多くの弟子を抱えながら、多数の著作や漢詩を作った。そして、元文三年（一七三八）に岡崎藩主水野《みずの》忠辰《ただとき》に召し抱えられ、水野家が唐津《からつ》藩に移っても長く仕え、安永五年（一七七六）、唐津藩江戸屋敷において八十歳で亡くなった。

　このように平野金華と大内熊耳は、ともに三春藩出身で、荻生徂徠の門人となり、三春を離れて江戸で活躍した。しかし、二人は対照的な性格で、多くの弟子

平野金華筆「早発深川」
（三春町歴史民俗資料館蔵）

や友人たちによって遺作がまとめられた大内に対して、優れた研究や詩作を行ったはずである平野の著作は散逸してしまった。

三春藩の兵学

三春藩では、享保四年（一七一九）に、秋田頼季が藩儒として招いた杉山大象軒《すぎやまだいぞうけん》が甲州流《こうしゅう》（山鹿流）の兵学と真心流鎗術《しんしんりゅうそうじゅつ》を広め、その後、田部井直矩《ためがいなおのり》らに継承され隆盛を極めたが、文政八年（一八二五）に長沼流《ながぬまりゅう》に改めたという。変更の理由は不明だが、藩士の小野寺忠誾《おのでらただささと》の子で、江戸で長沼流を修めた後、浜松・薩摩・佐倉・会津・土浦藩に招かれて兵学を講じた小野寺慵斎《おのでらようさい》の影響が考えられる。また、会津藩から招かれ大郡代《だいぐんだい》などを歴任した今泉可八《いまいずみかはち》も、長沼流を修めていたため、嘉永六年（一八五三）九月から藩講所で月三回、長沼流の兵学書『兵要録《へいようろく》』の会読を行っている。このほか、翌七年には三春藩士吉井元化《よしいげんか》の蔵書を元に、水戸藩の儒学者森蔚《もりしげる》が序文を添えた『校刻兵要録《こうこくへいようろく》』が江戸で出版されており、三春での長沼流の隆盛が窺える。

そして、江戸時代後期に西洋式の兵学が広まると、長沼流は銃砲を加えた三隊新制という部隊編成を編み出し、幕末の三春藩はその編成に従っている。なお三隊新制は、幕府などが導入した歩兵・騎兵・砲兵による三兵戦術とは違い、砲兵

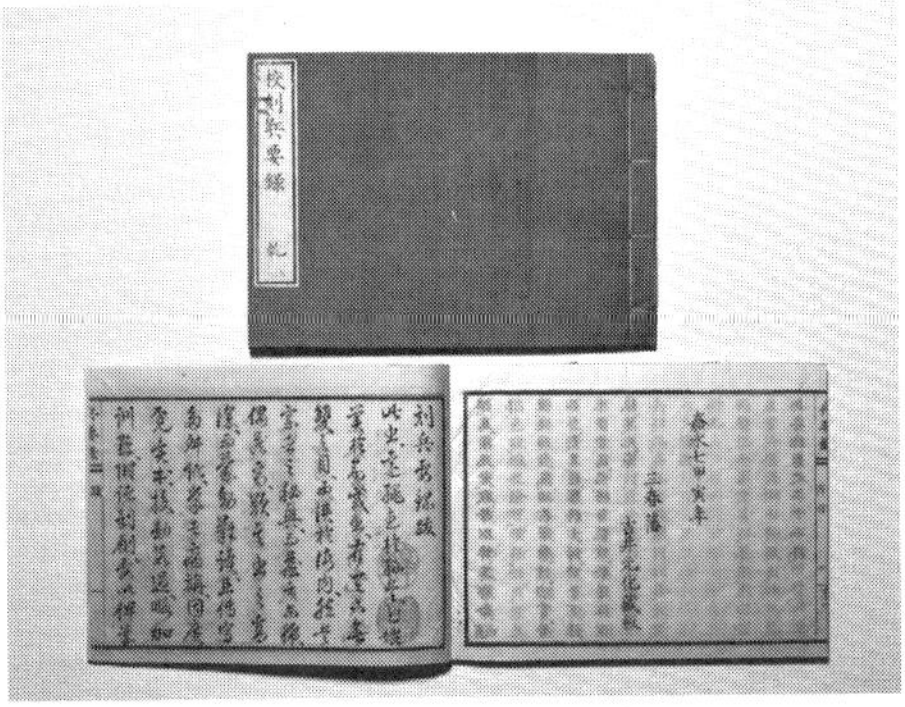

『校刻兵要録』（三春町歴史民俗資料館蔵）

・銃手を含めた同様の中隊三隊を前中後隊に分けて編成するものである。

困窮する中での藩士の心掛け

嘉永三年（一八五〇）二月、江戸愛宕下の上屋敷が全焼した。財政がひっ迫する三春藩は、城下の町人や領内の村々から一五〇〇両の献金を集めた。そして、同六年には藩士たちへ次のように達せられた。異国船渡来以来、幕府の求めに応じて軍備を整えてきたが、ここ数年は不作が続き、さらに屋敷類焼後は莫大の物入りで万事行き届かない。各藩士の懐具合については心配しており、手当を予定しているので、各自質素専一に努めてほしいというのものである。

そして、幕府は文久二年（一八六二）に、参勤交代を三年に一度に緩和した。これを受けて御用番秋田廣記から藩士たちへ、勤め方の心得が言い渡された。そこでは、参勤交代について格別の猶予をいただきありがたいことだが、世の中の形勢は一変し、外国との交通も始まっている。国威を立てるためには、平常から富国強兵に努めて公務に臨み、常々からの文武修行のためにも武備を整え、有事の際に恥ずかしくないよう心掛ける必要がある。儀式や服装を簡略化するとともに、藩士たちに手当を出すが、弱腰の弊風にならないよう互いに心掛け、文武の道を研鑽し、精勤するよう伝えている。

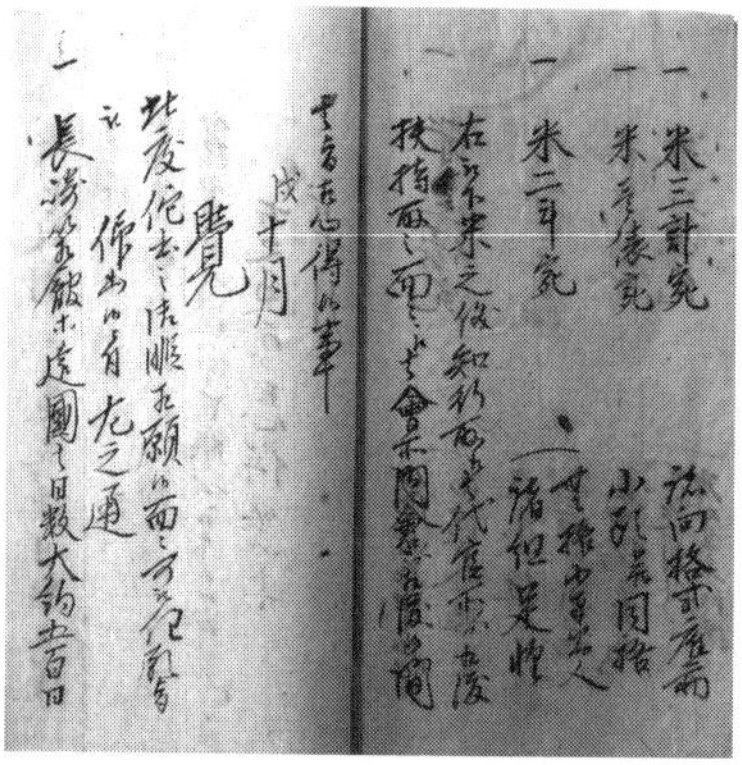

被仰出并勤方心得之覚帳
（三春町歴史民俗資料館蔵）

さらに、世相が一変しているので、諸国の風土を見聞し研究したい者は、給人以上は一年に五、六人、格式以上と無格奉公人は各四、五人を対象に、日数を限って暇を与えるので申し出るよう伝えている。ただし、これは他所へ修行に行ってよいというだけで、それに対する助成などは確認できない。

藩講所での学問・武術事情

文久三年（一八六三）から翌年にかけての藩講所等での学問・武術に関わる会計枠の帳簿「文武御取扱金納元帳」が残されている。そこには、学長山地純之《やまじじゅんの》祐《すけ》の蔵書購入費のほかに、剣術では黒岡政蔵《くろおかまさぞう》の直心影流《じきしんかげりゅう》、鑓術では荒沢源右衛《あらさわげんえ》門《もん》の一旨流《いっしりゅう》と小野寺十郎左衛門の真心流《しんしんりゅう》、弓術は五十川太郎兵衛《いかがわたろうべえ》の日置古流《へきこりゅう》、柔術では加藤木直親の戸田流《とだりゅう》と堀内斧史郎《ほりうちおのしろう》の揚心流《ようしんりゅう》といった諸流派の道具や稽古場管理費用の支払いが記されている。そして、炮術では、千葉弥作《ちばやさく》の夢想流《むそうりゅう》、荒木規《あらきただし》の中嶋流《なかじまりゅう》、町田貢《まちだみつぐ》の西洋流の火薬代や稽古場費用が、藩講所習業掛の秋《あき》田仲之助《たなかのすけ》に支払われている。ほかに三春藩では、駒奉行の徳田研山《とくだけんざん》による大坪《おおつぼ》流《りゅう》の馬術が盛んだったが、馬方は別会計だったのか、この帳簿には記載がない。

また、西洋流炮術については、安政四年（一八五七）五月二日に、城下南西外の江戸街道沿い並松の町打場で行われた稽古の記録がある。修行中の町田貢《まちだみつぐ》が

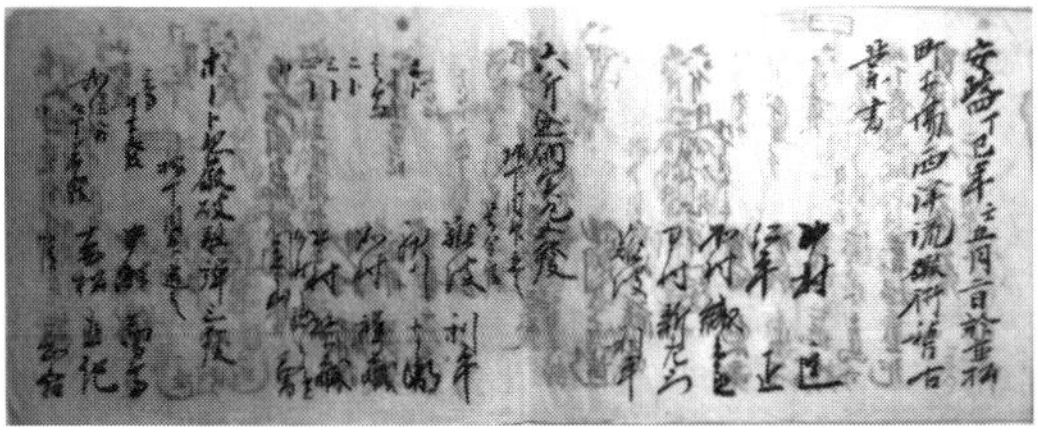
於並松町打場西洋流礮術稽古業書（三春町歴史民俗資料館蔵）

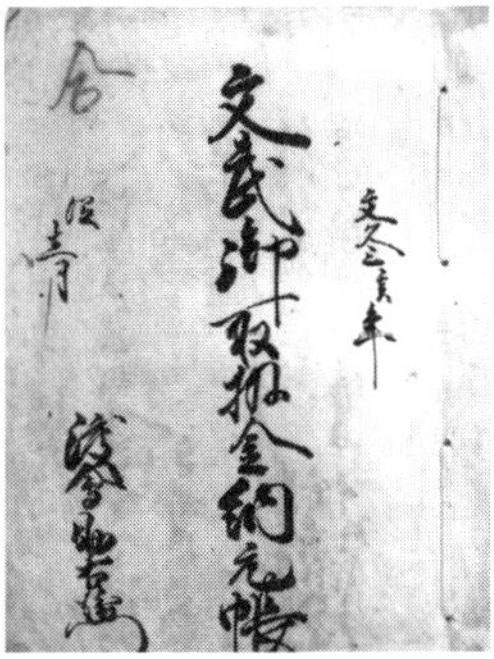

文武御取扱金納元帳
（三春町歴史民俗資料館蔵）

帰藩する前の記録で、藩士の中村匡《なかむらただし》（今泉可八の実弟）や仁平正《にへいただし》らを中心に大規模な実射訓練が行われたようだ。発射内容以外は不明だが、六斤迦納炮《ろくきんかのうほう》、ホート忽炮《そうほう》、一五栂短熕炮《ぼうたんこうほう》、一三寸臼炮《きゅうほう》等を使用し、実弾、破裂弾、着発弾、焼弾など、一日の訓練で延べ四〇通りの方法により、一〇〇発以上発射しており、当時の三春藩が数種類の大砲類を所持していたことがわかる。

このように学門、武術の振興を藩が奨励したが、何分にも資金がなかった。このため、藩士の家にある使わない鎧《よろい》、兜《かぶと》、鉄砲、鞍《くら》などの武器・武具を藩に献上させ、それを必要とする藩士に払い下げることがあったようだ。しかし、残念ながらこの方法では、古い道具をたらい回しにするだけで、最新の武器を揃えることはできない。貧しい藩の限界が見て取れる施策である。

天狗党の乱と日光警衛

桜田門や坂下門の変を主導した水戸藩の尊王攘夷派は、藩内での権力闘争の末、元治元年（一八六四）に天狗党《てんぐとう》として筑波山《つくばさん》で挙兵し、徳川家康を祀る日光山を目指した。そこで幕府は北関東・南奥の諸藩に日光山警備を命じ、三春藩も四月から日光に出兵した。日光では、神橋仮橋《しんきょうかりばし》周辺を宇都宮藩戸田家と館林《たてばやし》藩秋元家、原町周辺を福島藩板倉家、そして、松原町周辺を三春藩が担当した。松原町

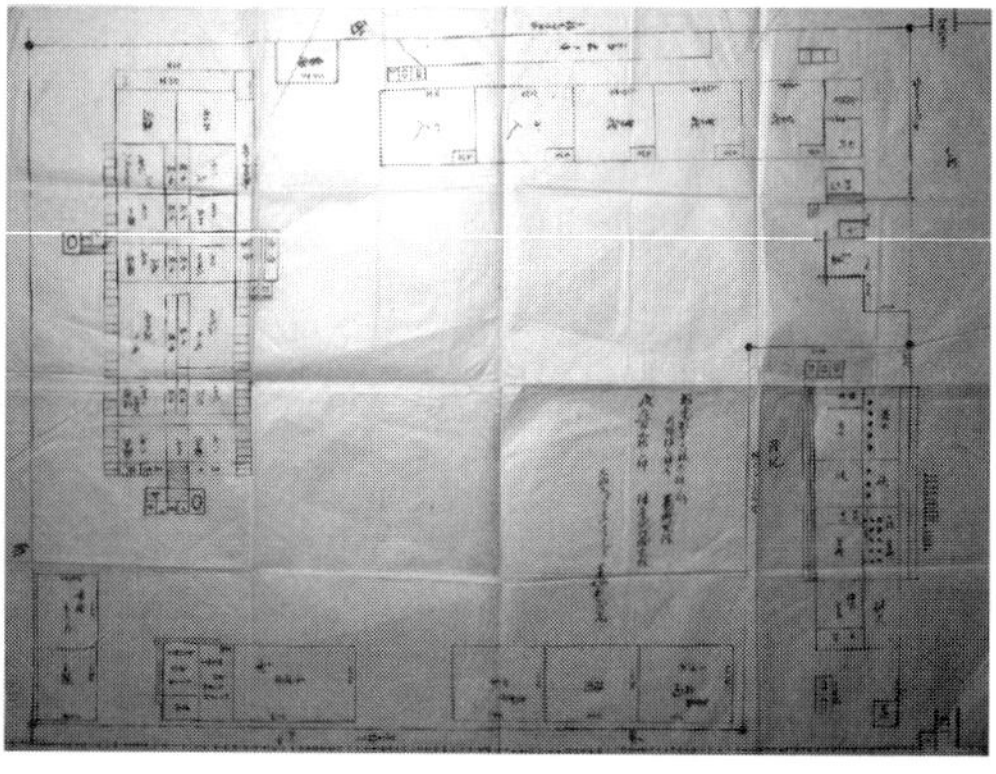

日光山御固小屋割之絵図（三春町歴史民俗資料館蔵）

の陣所は九五三坪の陣屋と北東外に一一三坪の番所があった。北側の松原町木戸から番所側に入り、さらに営門を潜ると陣屋になっていた。営門正面奥のメインの建物の部屋割りは長沼流の三隊編成に基づき、奥から隊長、甲長《こうちょう》、物頭、大目付、甲士《こうし》、医師、賄方、書役、徒士、若党に割り振られていた。

三春藩の出兵中に実際の戦闘はなかったが、八月は天災が続き、一日に強雷、四日に二寸四方の大氷《おおこおり》（雹）が降ると、七日は浅間山《あさまやま》が噴火して灰が降り、九日は大嵐で大木が倒れ、松原番所も倒壊している。そして、十一月六日に水戸の賊徒が来るという注進があったため小林村に進軍し止宿したが、結局天狗党は日光を諦め、京都を目指して西へ向かった。また、翌二年正月二十三日にも、大風で再度番所が大破するが、春には警備を解いて三春に帰った。

幼主・万之助の家督と一族・姻戚大名たち

この出兵騒動で藩主・秋田熹季《ひろすえ》が体調を崩し、閏《うるう》五月二十四日に五十六歳で急死した。このため、四月五日に三春にいた八歳の庶子・万之助《まんのすけ》が、例によって二歳上の十歳と称して嫡子成を済ませ、八月に家督を相続した。当然、万之助には藩主としてリーダーシップをとることはできないので、熹季の弟で四十八歳の秋田主税季春《ちからすえはる》が後見することになった。

秋田熹季肖像
（東北大学附属図書館蔵）

秋田家にはこの時、熹季の未亡人の濃秀院《のうしゅういん》と、先代孝季の未亡人清泰院《せいたいいん》がいた。濃秀院は儕《とも》といい、大広間詰めの因幡《いなば》鳥取藩九代藩主池田斉訓《なりみち》の養女（実際は姪）である。三春藩主の正室は俊季以来、帝鑑間《ていかんのま》★詰めの譜代大名の娘で、国持《くにもち》外様大名の娘を正室に迎えたのは初めてであった。天保六年（一八三五）に輿入れした濃秀院は、この時、五十歳を迎えていた。

そして清泰院は、六代藩主定季の子秋田左京季周の娘で鉄といい、すでに八十歳になっていた。なお、万之助には恭次郎という三歳の弟がおり、二人とも三春生まれだが生母が伝わっておらず、出産後、早く亡くなった可能性が高い。

ほかに熹季には二男四女がいたが、すでに全員亡くなっていた。これに対して、孝季の子の多くは成長したが、慶応元年段階で生存していたのは、主税のほかは次の三人にだけになっていた。まず、雁間詰《かりのまづ》めで老中も務めた遠江浜松藩主井《いの》上正春《うえまさはる》の継室に入った泰寿院《たいじゅいん》がおり、弘化四年（一八四七）に正春が死没するが、明治四年に六十二歳で亡くなるまで、浜松藩では一定の力を保ったと考えられる。次に同じく雁間詰め譜代の上総久留里《かずさくるり》藩主黒田直静《くろだなおちか》の正室・天寿院《てんじゅいん》がいるが、嘉永七年（一八五四）に直静が亡くなり、天寿院も慶応二年に亡くなる。そして、柳間《やなぎのま》詰め外様の肥前大村藩主大村純顕《おおむらすみあき》の継室となった整《せい》は、兄・熹季の養女として嫁いでおり、弘化三年に隠居した純顕とともに、藩内で影響力を保持したと考えられる。

▼帝鑑間
江戸時代の大名・旗本の格付けのひとつに、江戸城での殿席（詰めの間・控之室）がある。大名の控室は、大廊下、大広間、溜、帝鑑間、柳間、雁間、菊間の七室だった。おおよそ、大廊下が親藩、溜・帝鑑、雁、菊間が譜代、大広間、柳間が外様大名で、石高や官位では、大廊下、溜、大広間の格が高い。ただし、将軍の居所に近い、溜や雁、菊間は詰衆として、平日も交代で登城した。

秋田家系図（五代～十一代）

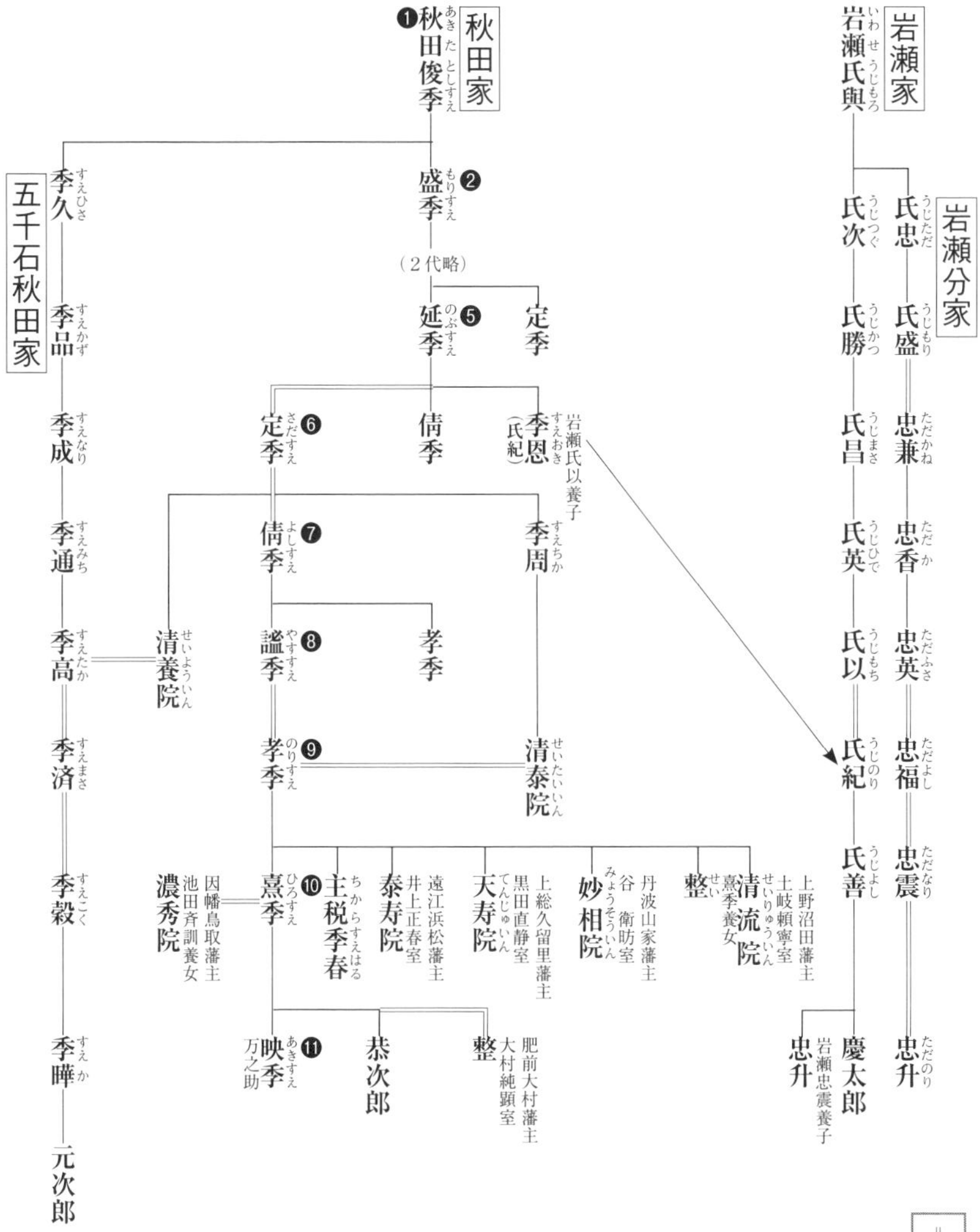

秋田家
❶秋田俊季《あきたとしすえ》
❷盛季《もりすえ》
（２代略）
❺延季《のぶすえ》
定季
❻定季《さだすえ》
倩季
季恩《すえおき》（氏紀）
岩瀬氏以養子
❼倩季《よしすえ》
季周《すえちか》
❽謐季《やすすえ》
孝季
清養院《せいよういん》
❾孝季《のりすえ》
清泰院《せいたいいん》
❿熹季《ひろすえ》
因幡鳥取藩主
池田斉訓養女
濃秀院
主税季春《ちからすえはる》
泰寿院
遠江浜松藩主
井上正春室
天寿院《てんじゅいん》
上総久留里藩主
黒田直静室
妙相院《みょうそういん》
丹波山家藩主
谷　衛昉室
整《せい》
熹季養女
清流院《せいりゅういん》
上野沼田藩主
土岐頼寧室
⓫映季《あきすえ》
万之助
恭次郎
整
肥前大村藩主
大村純顕室
五千石秋田家
季久《すえひさ》
季品《すえかず》
季成《すえなり》
季通《すえみち》
季高《すえたか》
季済《すえまさ》
季穀《すえこく》
季曄《すえか》
元次郎
岩瀬家
岩瀬氏與《いわせうじもろ》
氏次《うじつぐ》
氏勝《うじかつ》
氏昌《うじまさ》
氏英《うじひで》
氏以《うじもち》
氏紀《うじのり》
氏善《うじよし》
慶太郎
忠升
岩瀬忠震養子
岩瀬分家
氏忠《うじただ》
氏盛《うじもり》
忠兼《ただかね》
忠香《ただか》
忠英《ただふさ》
忠福《ただよし》
忠震《ただなり》
忠升《ただのり》

‖は養子

（丸数字は、藩主代数、初代から六代までは61ページ参照）

さて、三春藩は、こうしたメンバーの元で激動の時代を迎えることになるが、実質的には財政が破綻し、強力なリーダーもおらず、すでに戦争をする体力はなかったと思われる。なお、この時期に水戸天狗党の残党の一部が、支藩である守山やその近隣の三春藩領に潜伏しており、彼らと交流した藩士から藩内に尊王思想が広まったと、後に河野広中《こうのひろなか》が回想している。

これも三春

若年寄になった三春藩士の子・平山謙二郎

幕末の混乱期、将軍・徳川慶喜の側近に平山謙二郎という三春出身の侍がいた。ここでは、その波乱の生涯を紹介したい。

平山が生まれた黒岡家は、貞享五年（一六八八）に初代安信が秋田輝季に馬乗徒目付格で召し出され、二代までは主に馬方を勤めた。三代安寛は、秋田延季の子・氏紀に近侍し、氏紀の旗本・岩瀬家養子入りに従い、岩瀬家で四年間を過ごし、その後は江戸で勘定方を勤めた。

この安寛の弟・安重は、剣術修行のため安永四年（一七七五）末に暇を受け江戸へ上り、翌年、直心影流十一代の長沼忠郷に入門した。活道斎と称して天明元年（一七八一）に免許を受け、翌年、麹町甲斐坂に道場を開いた後、忠郷の甥の後見役に就く。寛政九年（一七九七）に直心影流最高位の命剣を伝授され、同十一年に四十七歳で三春に帰ると、新たに百石を賜り剣術師範となった。子がなかった安重は、田村郡の修験を束ねる蒲倉大祥院から安照を養子に迎えた。安照は哲円斎として剣術師範を勤め、三春出身で江戸神田お玉ヶ池の医師・塩田揚庵の娘・常と婚姻し、文化十二年（一八一五）に二男謙二郎が生まれた。

謙二郎は、天保五年（一八三四）に二十歳で江戸に遊学し、母の兄で幕府の奥祐筆組頭を勤める竹村久成の家に寄寓する。そして、漢学を桑原北林と安積艮斎、国学を前田夏蔭に学び、旗本の求めに応じ講義をしたという。嘉永元年（一八四八）に桑原北林の二女・千代を娶るが、同三年に三十六歳で幕府小普請組の平山源太郎の養子に入って家督を相続した。

翌年正月、相模、安房の台場を巡回し、八月には徒目付となり、その後、下田の探索や海岸見聞など拝命した。安政元年（一八五四）から翌年にかけて、浦賀や箱館、下田でペリー一行に応接掛に加わり、ペリーの再来航後は、安寛がしばらく仕えた岩瀬家の分家で、海防掛目付の岩瀬忠震に度々随行した。その後、長崎や下田でイギリス、オランダ、ロシア等との交渉で活躍し、賄頭格永々御目見以上に昇進し、竹村久成の末男・成之助を養子に迎えた。

安政五年正月、日米修好通商条約の勅許を得るため、老中の堀田正睦や岩瀬らと上京すると、将軍継嗣に一橋慶喜を推す越前松平家臣の橋本左内と岩瀬の連絡に関わった。そして、勅許を得られずに江戸へ帰ると、四月には井伊直弼が大老に就き、本意ではないがやむを得ず井伊直弼が了承したうえで、六月に岩瀬らが条約に調印した。その後、徳川慶福（家茂）が将軍継嗣に決定し、七月上旬に徳川斉昭や慶喜らが処分されると、謙二郎は御書物奉行に移され、九月には御役御免のうえ差控え、年末には甲府勝手普請に左遷された。

甲府では漢学の塾を持つが、桜田門外で井伊直弼が討たれた後、文久二年（一八六二）九月に許されて箱館奉行支配組頭を命じられ、翌年正月から箱館に勤める。慶応元年（一八六五）に江戸へ戻ると布衣で五〇俵を賜り、二之丸留守居方の外国御用取扱を命じられた。翌年の第二次長州征討で、老中小笠原長行に従って小倉へ赴くが、七月に将軍家茂が没すると長崎へ撤退し、鍋島閑叟《なべしまかんそう》の求めで佐賀に立ち寄って大坂へ戻った。徳川慶喜に拝謁して、九州の事情を報告すると、外国奉行に任じられ、九月に江戸へ帰ると従五位下図書頭に叙された。

　その後も、大坂、京都、横浜等各地を回り、同三年正月に徳川昭武ら訪欧使節をフランスへ送り出すと、朝鮮を開国させるために対馬から朝鮮への渡航を命じられる。四月には若年寄並外国総奉行となり、長崎で起こったイギリス水夫殺害や、浦上でのキリシタン処分事件などを土佐、長崎で対応した。そして、熱海滞留中のフランス公使に弁明して、ようやく朝鮮に向けて上京すると、すでに大政が奉還され、王政復古により朝鮮出張はなくなった。

　その後、大坂で慶喜に従うが、翌四年正月、鳥羽伏見の戦い後、慶喜を追って江戸へ帰った。二十三日に若年寄を命じられるが辞表を提出し、二月九日に免官、十一日には朝廷から官位を召し上げられ、十九日に逼塞、さらに四月八日に永蟄居を仰せつかった。このため、九月に成之助に家督を譲って隠居し、十一月には静岡に移って、八幡村の西光院方で漢学の塾を開いた。

　その後、明治五年（一八七二）に東京へ帰ると、省斎と改名し神官になり、同六年以降、氷川神社や日枝神社の宮司を勤めた。同十二年には大成教会を創設して教長となり、同二十二年に佐久間象山の贈位祝祭の斎主を勤めた後、病を得て、翌年（一八九〇）五月二十二日に七十六歳で没した。

平山省斎肖像写真
（三春町歴史民俗資料館蔵）

　こんな謙二郎を近くで見た二人の外国人の記録が残っている。一人はペリーの漢文通訳を勤めた中国人・羅森である。当時、四十歳で外交官吏になりたての謙二郎は、羅森に中国での動乱の原因を尋ね、詳しい文書を借りると、熟読後に丁寧な書簡を添えて返しており、羅森は謙二郎を純厚博学の人と評している。

　もう一人は、イギリス公使の通訳を勤めたアーネスト・サトウである。慶応三年、五十三歳の平山を、狡猾そうな鋭い顔付きの小柄な老人という印象からイギリス公使らは「狐」と呼んだ。しかし、低い身分から急に昇進した身で、混乱の中で各国公使や大名たちの無理難題に応じるが、最後は慶喜に逃げられ、大坂天保山の堡塁で新政府軍の攻撃に怯えて逃げ惑う「平山老人」を見て、サトウは終始同情している。

　このように破格の出世を遂げた謙二郎だが、外交の才により抜擢され、十年の間に印象が大きく変わるほど、急に責任ある立場に置かれ一方ならぬ苦労をしたようである。この経験もあって、学問と宗教に余生を奉げたのであろう。

第四章 戊辰戦争と三春藩

三春藩は諸藩の動向を窺い、動揺しながらも無血開城を果たした。

荒町から見上げた三春城跡

①

戦争のはじまり

遠い京都や江戸から遅れて届くわずかな情報に翻弄され、列藩に囲まれた中で、乏しい兵力を順次転戦させることで辛うじて藩領の守備と体裁の維持に努めた三春藩。

重臣たちの上京

慶応元年（一八六五）に家督した秋田万之助は、将軍不在の江戸へ初めて上り、将軍への拝謁も叙位任官もないまま、同三年五月二十七日に江戸を発ち三春へ下った。その後、十月十四日、京都で十五代将軍徳川慶喜《とくがわよしのぶ》が朝廷に大政奉還を上表した。これにより二百六十四年続いた徳川幕府が終わって、天皇を頂く新しい政権が誕生する。この頃の日本は、京都を中心に動いていたが、三春のような奥羽の小藩は、京都に恒常的な屋敷はなく、宿屋や町家を借り上げて利用していた。そして、京都から江戸、さらに三春と距離があるため、情報の伝達と、それに対する藩の判断の伝達に時間差が生じており、これも奥羽諸藩の弱点であった。なお、この頃の事象の経過については、各藩の記録に一部相違が見られるが、本書では秋田家が明治政府へ提出した記録を重視して記述する。

十月二十四日、朝廷は諸大名に上京を命じた。そこで三春藩は江戸詰めの年寄・小野寺市太夫が十一月十八日に江戸を発ち、二十九日に京都に到着した。そして、三春では十一月二十二日に、これまでの経緯が藩士たちに説明された。諸大名が朝廷から召集されたので、江戸で帝鑑間詰めの大名家が相談をした。その結果、「諸大名は徳川家の臣で、朝廷から見ると陪臣の立場なので、朝廷からの直接の命令に当惑しており、恐れながら家老一名を遣わすことにしたい」という回答を、老中板倉勝静《いたくらかつきよ》を通して朝廷の武家伝奏へ伝えることになったというものだ。とりあえず小野寺を上京させたが、秋田家は譜代とはいっても幕府との関係は薄いので、特に咎めもないだろうから、安心して仕事に精勤するようにと、詰の間御用番の秋田仲之助が説明したという。その後、江戸詰めの近習目付湊宗左衛《みなとそうざえ》門《もん》が十一月二十七日に江戸を発ち、十二月八日に京都に到着し、十二日には公家で参議の大原重徳《おおはらしげとみ》と連絡をとった後、十六日に藩主万之助は幼年であるので、近く名代の重臣が上京すること、そして、京都での宿舎を新政府に届け出た。藩主名代に選ばれた秋田（佐塚）廣記《ひろき》は、十一月二十八日に三春を発って十二月三日に江戸着、十二日に江戸を発つと二十六日に京都に到着した。

この間、京都では十二月九日に王政復古のクーデターが起こり、その後の小御所会議で徳川慶喜の辞官納地が決定した。この処遇に納得がいかない慶喜ら旧幕

湊宗左衛門肖像写真（三春町歴史民俗資料館蔵）

府勢力は、大坂城に引き移った。これを受けて、小野寺が十一日に大坂へ出立し、十七日に京都へ戻ると、二十一日には湊に引継ぎをして江戸へ帰った。江戸では、十二日に旧幕府から帝鑑間詰め諸大名に大政奉還の説明があり、人数（兵員）を率いて大坂へ上るよう命じられる。そして二十五日には、江戸市中を取り締まっていた庄内藩が薩摩藩邸を焼き討ちにした。

こうした経緯もあり、上京した秋田廣記は朝廷ではなく、まずは大坂の慶喜の元へ向かい、二十九日に大坂に入り、年が明けた慶応四年一月二日に、大坂城に登って板倉勝静に拝謁し、翌三日も登城拝謁して、京都への帰途に就いた。

鳥羽・伏見の戦いから徳川慶喜追討へ

この日、鳥羽や伏見で旧幕府軍と薩摩藩を主体とした新政府軍が衝突し、戊辰戦争が始まったため、秋田廣記らは帰りの船が確保できなかった。さらに夜には伏見が大火となり、淀川筋の通行が不能になった。そこで奈良経由で京都へ戻ることにするが、翌四日には大坂の薩摩屋敷が焼かれ、混乱の中ようやく午後三時頃に出発し、八時頃に松原宿（現大阪府東大阪市）に到着した。翌朝、松原を発って昼前に奈良に入るが、そこからも京都への通行は困難ということで、十日まで逗留し、漸く十一日に京都へ戻ることができた。そして、翌十二日に藩主名代の秋田廣記が上京したことを、湊宗左衛門が京都参与役所へ届け出た。

三春藩では小野寺の上京以来、京都で三春藩の御用を勤める中嶋芳太郎の屋敷がある夷川《えびすがわ》通り車屋町《くるまやちょう》上る東（御所の南で、二条城の東）で、隣家の茶道具商人・谷松屋貞八の屋敷を借り上げていた。その後、下長者町《しもちょうじゃまち》通り大宮《おおみや》通り西（御所の西で、二条城の北）で舩嶋屋久右衛門の屋敷を買上げ、四月上旬に引き移った。

また、会計方の記録によると、新政府の官報のような出版物である『太政官日誌《だじょうかんにっし》』を継続的に複数冊購入している。さらに、京都と江戸の間を六日で連絡する「正六便《しょうろくびん》」と呼ばれた飛脚を、二・三日間隔で頻繁に利用して江戸や三春と連絡をとっており、情報の収集とその伝達に努めていたことがわかる。

さて、秋田廣記が奈良で足止めされている間、一月六日に徳川慶喜らが大坂城を脱け出し、軍艦で江戸へ逃走した。これを受けて新政府は、翌七日に慶喜らの追討令を出し、三春藩は九日にその達書を京都仮建所で受け取り、加えて十五日には、近く出立する慶喜追討軍への参加を命じる藩主宛の沙汰書を受け取っている。これにより、三春藩は、仙台藩を筆頭とする奥羽諸藩とともに、徳川慶喜と会津・庄内藩の討伐を目的とする新政府軍の一員となった。

二月四日、秋田廣記が二条城に呼び出され、徳川慶喜らの追討計画が決定次第親征に出るので、参加準備を整えるよう改めて三日付の達を伝えられた。さらに各藩に対して、元治元年以降の諸国警衛、昨年十二月九日の王政復古以降の警衛出兵状況と、所有する兵隊の人数を報告するよう命じられた。そこで翌五日に秋田廣記が、軍旅準備等を進めるよう在所の藩主に伝えるとともに、元治元年（一八六四）以降、王政復古以降ともに、朝廷からの命令での警衛・出兵はないと回答した。そして、兵員については、岩城海岸の警備や会津でも異変が起きる可能性があり、小藩で薄力のため親征に差し出せる人数がどれほどいるかわからないとしながらも、概数を報告している。

その後、東征大総督に就いた有栖川宮熾仁親王《ありすがわのみやたるひとしんのう》が、二月十五日に京都を発ち、江戸へ向かった。そして、九条道孝《くじょうみちたか》を総督に二十六日に発足した奥羽鎮撫総督府が、三月十一日に大坂を出港し、二十三日に仙台城下へ入ったことで、東日本でも戦争が現実のものとなる。

三春藩の兵備と嘆願

こうした中、三月七日に湊宗左衛門が、新政府へ藩の兵力を報告している。それによると、江戸愛宕下に備え置いて新政府軍が到着次第出陣する兵力、三春藩領の守衛のための兵力、さらに三春に控え置いて命令次第で各地に出兵する兵力として、三つの部隊に分けている。各部隊とも、隊長一人、甲長二人、銃頭二人、使番二人、甲士兼大砲方二〇人ほど、銃卒二〇人ずつ二組で、ほかに足軽、小荷《こに》駄方《だかた》★が付くというもので、基本的に三隊新制をそのまま分けただけである。

そして、次のような嘆願書を添えている。秋田家は永年の朝恩に対し、御一新に際して粉骨勉励報いることを家来一同決心している。しかし、三春は山間で不毛の土地が多く、元々収穫が薄いうえに、天保四年（一八三三）の凶作から現在に至るまで窮民の疲れが回復していない。さらに、熹季の代から公務が続き、莫大な散財により勝手向きも悪く、家来への扶持も行き届かず、慶応元年（一八六五）に家督参府してからは入用が多く当惑していた。そんなところに、同二年は凶作で四万八千石の損耗という皆無同様の状況となり、さらに同三年も二万七千六百石の損耗となり、家中の扶助は言うに及ばず、窮民の手当もかなわず心を痛めている。こうした中で人数を出せるのかと心配しているところで、藩の状況を汲み取り、ご賢察のうえ、何卒格別のご憐憫くださるよう嘆願する旨を、在所の万之助から申し付かったので、聞き届けてもらえるよう訴えている。

三春での対応

このような嘆願をする三春藩の実情は、どのような状況だったのだろうか。

まず、慶応四年（一八六八）正月の祝儀は、藩主万之助が湯治に出かけていたため、拝謁儀式がなかった。湯治先の記録がないため、領内ではないかと思われ

▼小荷駄方
兵粮や弾薬などを運搬する人夫や工夫、駄馬などの部隊。

るが、数え十一歳の少年藩主が、混迷極まる正月から湯治に出かけるとは、どのよう容体だったのであろうか。

一月二十二日に御用人の秋田（浪岡）右近、二月十二日に年寄の細川《ほそかわ》縫殿助《ぬいのすけ》が江戸に上ると、同二十八日には逆に江戸から先代藩主熹季の未亡人・濃秀院が三春に下着した。文久二年（一八六二）の参勤交代の緩和以降、正室らが国許へ帰ることが可能となっていたが、江戸の藩邸には濃秀院の実家である鳥取藩池田家から派遣された付き人が常駐しており、鳥取藩と連携をとるためか、濃秀院は最末期まで江戸藩邸で暮らしていた。しかし、江戸市中の治安が悪化し、新政府軍による攻撃が予想される段階となり、ついに三春へ避難することになったのだろう。三春では藩主正室の下向は初めてのことで、それも大家である鳥取藩池田家出身の姫とあって、夕七ツ半（午後五時）に濃秀院が到着すると、近郷からも多くの見物人が集まり、大町筋は歩けないほどの混雑だったという。なお、元々秋田家一族の出身である先々代藩主未亡人の清泰院も、この頃、三春で暮らしているが、いつ下着したかは不明である。

二月十三日、藩は困窮する財政の中で時局を乗り切るため、領内の町方に六〇〇〇両、村方に九〇〇〇両、計一万五〇〇〇両の上納を求めた。これに対して町方は、二十日に半分の三〇〇〇両を納めている。また、二月二十八日に二本松藩の使者が三春を訪れると、外事交渉役の中村匡が三月二日に三春を発ち、二本松、

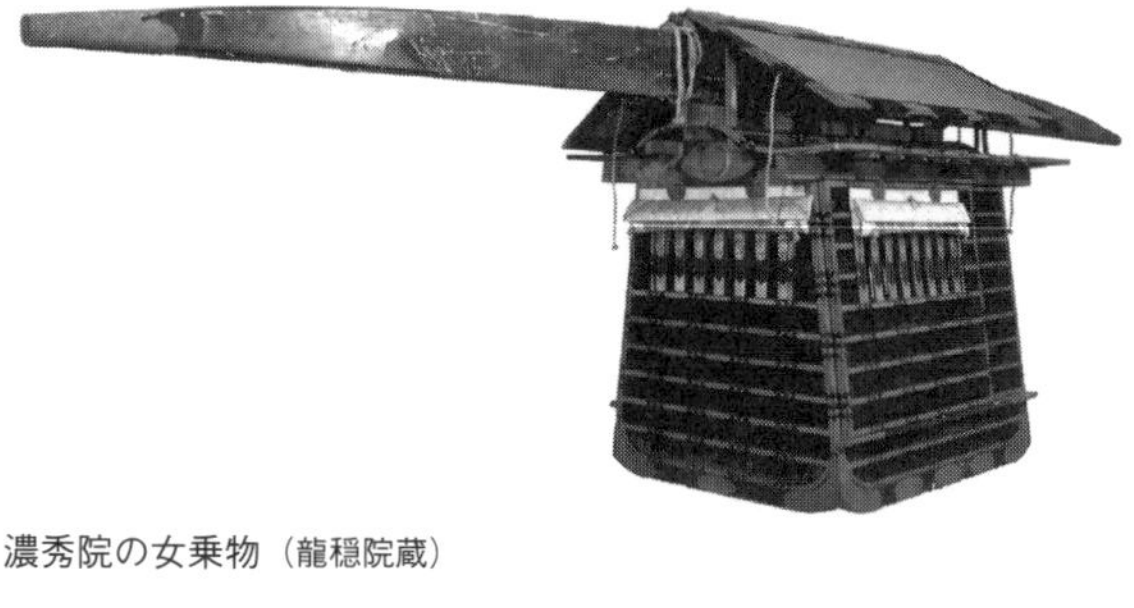

濃秀院の女乗物（龍穏院蔵）

福島、仙台藩への使者を勤めている。

その後、三月十六日に秋田主税と細川縫殿助が江戸から三春に下り、藩の首脳がおおよそ三春に揃った。二十九日には城下町の警備拡充のため、外縁各所に番所が設けられた。八幡町《はちまんまち》の黒門脇、尼ケ谷《あまがや》の馬屋脇、北町と新町は武家地境に番所が新設され、荒町末の四ツ屋地蔵前には新たに門を建てて番所を設置した。

新政府との交渉

奥羽鎮撫総督府の九条総督、沢為量《さわためかず》副総督、醍醐忠敬《だいごただゆき》参謀らが仙台に入ると、宿所の仙台藩校養賢堂《ようけんどう》に四月四日、三春藩から小野寺舎人が使者として出頭した。そこで総督らに拝謁し、秋田万之助宛の会津征討応援出兵の達書を授かった。

こうした状況で、四月五日に京都の湊宗左衛門が再度、弁事役所へ次のように嘆願している。徳川慶喜追討の準備を命じられているが、三春は江戸から遠く、急に兵を送ることはできないので、少人数ではあるが江戸に兵を差し出したことは先日報告した通りである。しかし、近頃では奥州筋に胡乱の者が立ち回って暴れる者もあり、さらに会津境とも近いため、いつ国許で異変が起きるかもしれない。小さな家で兵力もなく心配であるため、先日、江戸に遣わした兵をひとまず在所へ戻して領内の取締に充て、奥羽鎮撫総督からの命令次第、御用を勤めたいと在所の万之助から申しつかったというものである。これに対して、願い通りに江戸の人数を引き揚げ、奥羽鎮撫総督に仕えるよう弁事役所から許可されるが、事前に江戸在陣の東征大総督にも届けを出すよう申し渡される。そこで、十三日に江戸の総督に届け出、兵を残らず三春へ下すことになった。なお、これに前後して、四月四日には江戸の無血開城が新政府と旧幕府間で合意され、十一日に大総督府が江戸城を接収したので、もはや江戸での兵力は不要になっていた。そして、十三日に芝増上寺の子院真乗院《しんじょういん》で、秋田右近が大総督府に伺候し、その指示を仰いだという。その後、右近は二十日に三春に向けて出立し、江戸を守る年寄は京都から戻った小野寺市太夫だけとなった。

近づく戦争

四月十八日、新政府の会津征討軍として仙台藩の軍勢が近くを通ったため、三春からも大勢の町人らが見物に出かけたという。しかし、その夕方には、郡山で戦闘があったとの噂が流れ、三春でも戦乱に備えて土蔵の目塗をする騒ぎとなった。目塗とは、土蔵の扉を閉めて、その隙間に粘土を塗り込めて密閉する作業で、火災への土蔵の耐久性を上げる最終工程である。二十二日には新政府軍各藩の印が定められ、秋田家でも家中の指物等を統一し、鑓印を袖印とした。

そして、二十三日に奥羽鎮撫総督が岩沼（宮城県岩沼市）に進んだため、三春藩正使中村匡と副使鎌田備《かまたそなう》が九条らに拝謁し、その後、白石（現宮城県白石市）まで出陣した仙台藩主、さらに帰途、福島・二本松藩主に拝謁して帰藩した。

二十四日には家中に対し、嘉永六年（一八五三）に鉄砲の稽古を命じたが、近頃はますます砲戦が盛んで、主要兵器として砲隊を専らとすることもあるので、好むと好まざるによらず、大小砲の稽古に励むよう達している。さらに、三月十四日に明治天皇が宣誓した新政府の基本方針である五箇条の誓文と宸翰《しんかん》★の写しを御殿に掲示するので、各自拝見するよう御用番秋田太郎左衛門が申し渡した。

こうした中、二十五日には三春藩一番手の軍勢半隊が城下から出陣し、領内西端で会津に最も近い阿武隈川岸の鬼生田《おにうだ》村に駐留し、二十六日には仙台藩へ使者を送って、今回の会津追討の進軍を承知したと伝えた。

▼宸翰
明治天皇が、自身の祖である神に対して誓った方針である五箇条の誓文とともに、国民に対して、これまでの反省と今後の決意等を表明した言葉であり、億兆安撫国威宣揚の宸翰と呼ばれている。

白河城出兵と撤退

閏四月朔日、本宮（現福島県本宮市）に入った奥羽鎮撫総督府の醍醐参謀から呼び出しがあり、翌二日秋田太郎左衛門が出張すると、出羽庄内藩追討のため新庄（現山形県新庄市）への出兵を命じられた。このため翌三日、家中に出兵を触れ出すとともに、再度太郎左衛門が本宮の醍醐を訪ねて願い出た。三春藩は兵員が少ないため、江戸から部隊を引き揚げさせたが、途中の野州（栃木県）が混乱していて江戸に戻ったため、遠く離れた新庄まで送る兵員がない。このため、これまで同様に会津征討の応援に戻してほしいというものである。すると今度は、白河口（現福島県白河市）の応援に六日までに出兵するよう命じられたので、その夜のうちに鬼生田村駐留の隊を撤収した。なお、京都では二日に、奥羽鎮撫総督から会津征討応援の命令を四月四日に受けたことと、江戸から三春に帰した兵員が野州の混乱で江戸へ戻ったことを湊宗左衛門が弁事役所へ届け出ている。

翌四日、出兵先が新庄から白河に変わったことが家中に触れ出され、急いで出兵の準備をし、六日の早朝、三春城下から一部隊が出陣した。町人の記録によると、明六ツ（午前六時）頃、秋田茂右衛門を隊長に番頭物頭が三人で、番頭一人当たり鉄砲二〇挺位ずつ、侍が六〇人くらい、惣勢七〇〇人くらいの部隊だという。また、甲長の赤松主馬の記録では、隊長一名、物頭三名、甲長二名、大目付二名、調役一名、小荷駄奉行二名に、甲士一八名、大砲方一二名、馬役一名、医師二名、徒目付一名とあり、物頭等を除く侍は四四名という数で、総数は不明だが、少なくとも五〇〇名を超え、三春藩としては最大級の軍勢を揃えたと推測される。赤松は暁七ツ時（午前四時頃）に出宅し、江戸街道で守山藩領との境となる赤沼村で隊列を整え、夕方白河に着陣した。新政府の記録では、この日、鎮撫総督府下参謀で長州藩の世良《せら》修蔵《しゅうぞう》が白河城に入り、仙台の三小隊と二本松の隊を督して会津進撃を図り、三春から二小隊が入ったとある。仙台三小隊に対して、三春二小隊はかなりの人数であったと考えられる。

三春隊は、翌七日昼までに装備を整えて町家に下宿したが、九日には城内の文武所に宿を移すとともに、会津御蔵入口（甲子街道）に関門を建て警備にあたった。その後十日には平・泉両藩からの応援も到着した。当時の白河城は、藩主で幕府老中だった阿部正外《あべまさと》が、兵庫開港問題を巡って朝廷の圧力で隠居・蟄居させられ、嫡男の正静《まさきよ》が家督したが棚倉《たなぐら》（現福島県棚倉町）に移されたため城主が不在だった。このため、二本松藩が警備にあたっていたが、そこへ会津征討軍として仙台藩が入り、それを近隣の三春・平・泉藩が手伝いに入るという体制であった。なお、平藩主安藤信正《あんどうのぶまさ》も老中を勤めたが、坂下門外の変後に失脚、隠居、さらに二万石を減じられた上、四歳で跡を継いだ長男・信民《のぶたみ》が一年で夭逝し、家督を相続した甥の信勇《のぶたけ》は京都で新政府に仕えていたため、国許は隠居した信正が掌握していた。また泉藩主本多忠紀《ほんだただとし》も、若年寄を勤めた幕閣経験者で、阿部・安藤・本多三氏は旧幕府と深い関係にあった。

しかし、十五日くらいから何故か仙台兵が引き揚げ始め、十六日には平藩の巡回時に会津兵五、六人が番所付近を通ったため発砲し、撃ち合いとなった。その後、周囲に会津勢が増えるのに対して、主力である仙台兵がいなくなったため、不安になった平・泉両藩と相談し、会津兵が攻めて来たならば、人数で敵わないので戦わずに退くこととした。そして、二十日明六ツ（午前六時）前に会津兵が白河城に攻め寄せ、六ツ半（七時）には陣屋裏手で発砲があったため、平・泉藩とともに三春藩も撤退した。この攻撃で会津藩は白河城を占拠し、後に列藩同盟となる仙台・棚倉藩兵も白河城に集結する。これに対して撤退した三春藩兵は、翌二十一日には領内南端の赤沼村に止宿、二十二日暮六ツ過ぎに赤沼を撤収し、城下に帰った。町人の記録では、白河は急な撤収で、死傷者こそ出さなかったが銃砲等武器を多く残して矢吹まで逃走し、翌日、三春から番頭の秋田勘解由《あきたかげゆ》、物頭の河尻が、平士二〇人余りと在方の猟師などを引き連れて赤沼村まで出張し、そこで白河隊と合流したという。なお、赤松主馬は馬や武器を白河に残した責任をとって番頭辞職を願い出たが、秋田主税に慰留され思い留まった。

そして、二十二日夕方に城下に戻ると、三春周辺の仙台、相馬、棚倉兵も撤収したため、今度は会津兵が三春に押し寄せるとの風聞から騒動となり、夜には会津兵が城下に潜入しているとの噂が広まった。このため、その夜は町役人や同心たちが休みなく城下の見回りをしたという。

②

奥羽越列藩同盟

諸藩の重臣が白石に集められ、やむを得ず列藩同盟に加わった三春藩は、出兵はしても戦闘には参加せず、新政府方と連絡を取りながら、その進軍が三春に達するのを待って恭順し、無血開城を果たした。

奥羽越列藩同盟の成立

さて、白河に出張していた三春藩兵は何も知らなかったようだが、仙台兵の撤退には理由があった。それが列藩同盟の締結である。

朝敵の汚名を着せられた会津藩は、地元奥羽に同志となる藩を探していた。そして、奥羽の大藩である仙台藩や米沢藩は、薩摩、長州といった西国の大名が新政府を牛耳る様子を苦々しく思っていた。そこで、会津藩は仙台・米沢藩に新政府との停戦斡旋を依頼し、仙台・米沢藩は弘前・秋田・盛岡・二本松といった十万石以上の大藩と協議し、会津藩を救うための同盟結成を目指すこととなった。しかし、事がまとまる前に奥羽鎮撫総督府が仙台に入ったため、仙台藩は四月には会津境に出兵し、表向きは会津藩と戦うこととなった。

そして、閏四月四日に仙台・米沢藩家老は、奥羽二七藩の家老に宛てて、白石に重役を差し出すよう廻し状を発した。これを受けて三春藩では、九日に御用人で習業掛の大浦帯刀《おおうらたてわき》と近習目付の小堤廣人《おづつみひとと》を白石に向かわせた。また同日、新政府の議事所での議員にあたる貢士《こうし》となるため、奥村権之助《おくむらごんのすけ》も三春を発っている。そして、十一日に白石の片倉家臣・佐藤雄記《さとうゆうき》宅に、大浦ら奥羽十四藩の重臣が顔を揃えた。そこで、仙台・米沢藩の重臣から、会津藩家老から降伏嘆願書を預かったので、諸藩重臣の嘆願書を添えて奥羽鎮撫総督へ願い出たいと提案される。三春藩としては初めて聞く話ではあるが、戦争が回避されることが一番よいので、その場で大浦は嘆願書に署名した。翌日、嘆願書は岩沼に滞在していた九条総督に提出されるが、世良修蔵の反対により、十七日に却下される。なお、『復古記』によると会津藩の降伏嘆願書を受け取った仙台・米沢藩は、閏四月四日に会津との戦闘を控える旨を鎮撫総督へ届け出、白石で嘆願に加わった棚倉・相馬・平・泉・三春藩も十八日付けで会津征討を控えることを届け出ている。しかし、この情報は白河にいる三春隊には伝わらなかったと思われる。

さて、嘆願却下を受けて、十九日に仙台・米沢両藩が会津征討軍の解兵届けを鎮撫総督府へ提出し、翌二十日には二本松・棚倉・相馬・平・泉藩とともに三春藩も解兵を届出た。そして、再度白石で会議が持たれ、二十二日に奥羽列藩同盟（白石盟約）が結ばれた。なお十九日の夜、福島城下で仙台藩士が世良修蔵を襲撃し、翌日未明に殺害に及ぶと同時に、会津兵が白河城を攻撃・占拠したことで、新政府と列藩同盟の対立が明白となり、各藩の解兵届けにつながった。

　二十三日に大浦らが三春に帰ると、仙台・米沢両藩が世話人となって、奥羽諸藩が残らず会津に組みして官軍を討ち取る相談をしたという風聞が、町人の間に広まった。そして、五月三日に仙台で奥羽二十五藩が正式に盟約を結び、六日には北越諸藩を加え、奥羽越列藩同盟に発展した。

新政府への弁明

　ただただ戦争を回避したかった三春藩としては、思わぬ展開となった。そこで、正式盟約前の五月二日、奥羽諸藩が会津藩の謝罪降伏のため、連名で嘆願書を提出し、困難な状況だが盟約の内容を心得て、忠勤に尽力するよう御用番・秋田作兵衛が家中に申し渡した。これと同時に新政府へ弁明するため、藩講所学長の山《やま》地純之祐《じじゅんのすけ》と教授熊田嘉膳《くまだかぜん》が京都へ進発し、九日には貢士の奥村権之助の京都到着が、湊宗左衛門から弁事役所《べんじやくしょ》★へ報告された。そして、十六日には列藩同盟の趣意書が三春で大目付門並触とされ、十七日から三日間御殿に掲示された。

　このような三春藩の動向に対して、江戸の東征大総督府は、五月二十日に江戸留守居役の吉見連蔵《よしみれんぞう》ら三人に不審の趣があるとして謹慎を命じ、ほかの藩士らに

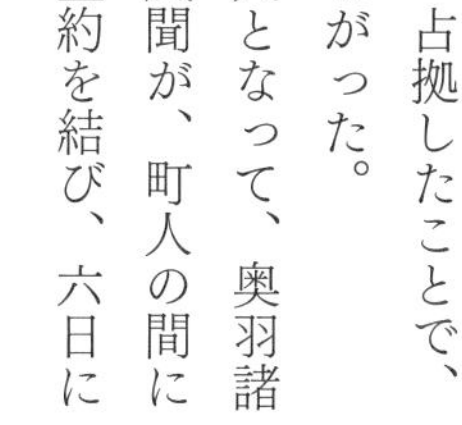
奥羽列藩同盟盟約書写（三春町歴史民俗資料館）

▼弁事役所
初期の明治政府で、総裁局の庶務を掌った事務所。

は早々に国許へ引き揚げるよう命じている。さらに二十八日に新政府は、京都の仙台・米沢両藩邸を没収のうえ、家臣の入京を禁じ、他の奥羽越諸藩に対して順逆を誤らないよう諭している。

そして、山地と熊田が上京すると、三十日に秋田廣記が弁事役所へ出頭し、小藩で微力なため、周囲の藩に抗することができず、やむを得ず同盟に加わったこと、棚倉に出兵したのは仙台藩の坂本大炊《さかもとおおい》に兵を出さないと盟約違反で仙台・米沢両藩の兵が攻め込むと脅されたためと釈明する。さらに、藩主万之助を始め家来一同、城を棄て山野に潜み、城下が焼かれたとしても勤王の志は変わらないので、早急に官軍を送って救出してほしいと懇願した。加えて翌六月一日には、昨日の嘆願が同盟側に知られては困るので、『太政官日誌』のような印刷物に公表したりすることがないよう嘆願している。

これに対して、新政府は三日に、三春藩の敵中孤立の大義を褒め、近いうちに官軍が進軍救援するという旨の達書を発し、これを携えて四日に熊田が村田岐と帰藩の途に就き、六日には山地も京を発った。

しかし、五月二十六日から同盟軍の白河城攻撃が始まると、三春藩も同盟軍として参戦している嫌疑がかかる。そして、六月十二日、棚倉藩が京都屋敷を没収、藩士の入京が禁じられたほか、二本松、相馬、平、三春の四藩は、在京藩士の謹慎、他藩への出入りが禁じられ、秋田廣記らは宿所に禁足されることになった。

列藩同盟軍として

白石盟約後、閏四月二十六日に三春から草川小三郎が会津への使者に発った。五月朔日には、周囲の形勢が不容易なので端午の節句の祝儀登城を取り止め、屋根に菖蒲を飾る軒菖蒲《のきしょうぶ》も止めるよう触れ出された。また、この日は新政府軍による二度目の白河城攻撃が決行され、新政府軍が白河城を奪還した。そして、同盟が正式に結ばれた五月三日には、平藩の使者が三春を訪れ、六日には仙台・会津・二本松藩の使者と、三春藩の中村匡、松井正左衛門が城下の本陣で協議をした。八日からは仙台藩兵一〇〇人ほどが城下の寺に逗留し、以後、一〇〇名から五〇〇人程度の同盟各藩の兵士が入れ替わりで断続的に三春城下に駐留した。

三春藩は、戦線が西の会津から南の白河に変わったことから、九日に藩領南西端の赤沼村に足軽一組、十一日に秋田主計率いる半隊を繰り出し、十三日には仙台勢とともに秋田太郎左衛門が一隊を率いて守山、岩法寺（石川郡玉川村）へ出陣する。そして、十六日には新政府軍の縛りが解けたこともあってか、間近に迫った戦闘に向け、出陣に際して家中で定めた火事羽織に限らず、各自が所有する陣羽織の着用が許可された。さらに十八日には筒袖の着用も公私ともに勝手次第と触れ出されるが、長髪の禁止は解かれなかった。これらは、軍隊の洋式化が進む中で、財政難から藩を挙げて装備を一新することができないため、個人が所有する装備に頼るという三春藩の経済的な弱さと、格式に囚われることなく、より現実的な対応を選択する気風の表れであろう。

こうした中、五月二十九日に江戸から早駕籠《はやかご》で大高揚之助が下着し、大総督府により江戸屋敷の重臣が禁足の上、武器類も封印され、平士小役人は三春に向かっていると報告された。さらに上野で抵抗していた旧幕府方の彰義隊が敗れたため、徳川慶喜の助命と東征中止を嘆願していた明治天皇の叔父にあたる輪王寺宮《りんのうじのみや》（北白川宮能久親王《きたしらかわのみやよしひさしんのう》）が、軍艦で奥州へ向かっていることも伝えられた。そして、平潟（現茨城県北茨城市）に上陸した輪王寺宮一行は、平・泉両藩の半小隊程度に守られ、六月二日辰刻（午前八時）に仁井町を出立して三春領に入り、神俣《かんまた》、上大越《かみおおごえ》で休憩し、船引《ふねひき》で昼食となった。船引からは三春藩兵が先導し、熊耳《くまがみ》で休んだ後、夕七ツ（午後四時）過ぎに三春城下に入った。町人たちは拝見を禁じられたため、一行は町屋の戸が閉め切られた城下町を進んで、宿所となった龍穏院と光善寺に入ると、幼主万之助に代って秋田主税が龍穏院で拝謁した。翌朝も主税が拝謁すると、一行は五ツ（午前八時）に本宮へ向けて出立し、その後、会津、米沢を経て仙台藩に入り、輪王寺宮は列藩同盟の盟主に擁立された。

新政府軍の進軍

輪王寺宮を追うように六月十六日、今度は新政府軍の海軍が平潟に上陸した。そこでこれを迎撃するため、三春藩でも二十一日に岩城に向けて半隊を出撃させ、それを口実に守山、岩法寺の部隊を二十二日に撤収した。しかし、今度は棚倉城が二十四日に落ちたため、二十六・二十七日と白河口へ半隊を繰り出すこととなった。そして、この頃、飛地がある伊達郡へ落ち延びる棚倉藩士の家族が領内を通行しており、その悲惨な姿を見た町人たちが憐れんでおり、二の舞にはなりたくないと思ったことであろう。また、守山に滞陣していた藩医の佐久間玄畏《さくまげんい》が、七月一日に塩田村で戦闘に巻き込まれ、三春藩で最初の死者となる。なお、江戸では六月十七日の夜中に、愛宕下の上屋敷を引き払って飯倉の屋敷にいた年寄の小野寺市太夫が、元三春藩徒士の子・渡田虎雄《とだとらお》が率いる徒党に襲われ、妾と中間とともに斬殺される事件が起きており、混乱する江戸の状況が想像される。

そして、岩城での戦線は、六月二十八日に泉城、二十九日に湯長谷城が新政府軍の手に落ち、善戦した平城も七月十三日には陥落した。なお、平藩安藤家は、当主の信勇は上京して新政府方として行動していたが、国許では元老中で先々代藩主の信正が列藩同盟として新政府軍と交戦した。

続く七月十六日の浅川の戦いでは、悪天候もあって三春藩が戦線を離脱したため、同盟軍が惨敗する。翌十七日、三春藩は平落城を受けて、福島の同盟軍務局に援軍派遣を要請する。これに対して仙台・会津・二本松・福島各藩は、三春藩の一貫しない動向に疑いをかける。そして、仙台藩の塩森主税《しおもりちから》が三春を訪れて説明を求めたため、新政府との内通が疑われる江戸留守居役の吉見連蔵を一旦投獄して、外事掛の不破幾馬《ふわいくま》が弁明した。その後、二十四日に同盟各藩の部隊が三春城下に入り、平から三春へ進む新政府軍迎撃のため三春隊一隊を加えて、二十五日から二十六日早朝にかけて仁井町・蓬田・谷田川・赤沼村へと進発した。

新政府軍との交渉

さて、三春で投獄された吉見蓮蔵は、新政府により江戸屋敷で謹慎させられていたはずであった。しかし、藩医の和田原泉とともに薩摩藩の軍艦に同乗し、六月十六日に平潟に上陸していた。これは、彼らが新政府方に情報を提供するなど、戦略的な密約を結んだ見返りではないかと推測される。二人は岩城攻撃に向かう新政府軍を尻目に三春へ直行し、新政府軍の動向を藩に報告し、今後の対応を協議した。そんな中、二十三日に棚倉城が陥落した。

これを受けて、藩内の勤王派グループから郷士の河野広胖《こうのひろやす》と影山正博《かげやままさひろ》らが、新政府軍との接触を試みる。河野らは、七月六日に釜子陣屋《かまのこじんや》（白河市東）の長州軍に投降し、三春藩の恭順を申し出るが相手にされず、薩摩、さらに土佐陣営に廻された。そこで土佐藩参謀の板垣退助《いたがきたいすけ》が河野らと面会し話を聞くが、藩の意思を代表できる身分の者ではないため、重役を連れてくるよう求められる。この様子を見かねた土佐藩断金隊《とさはんだんきんたい》の隊長・美正貫一郎《みしょうかんいちろう》は、投降した他藩士を集めた外人部隊である断金隊に河野らの入隊を許可し、棚倉から三春周辺の地図製作にあたらせた。その後、十日に河野が三春に帰り、十五日に勤王派の盟主的な重臣・秋田宮人《みやひと》の嫡男主計《かずえ》らを連れて土佐陣営を再訪する。

三春藩恭順の手ごたえを得た板垣は、十一日に平潟へ赴いて海軍と協議して十五日に棚倉に戻ると、十七日には白河の薩摩藩参謀伊地知正治《いじちまさはる》を訪ね、十八日に棚倉に帰陣している。そして、二十日には海軍の長州藩参謀木梨精一郎《きなしせいいちろう》が棚倉を訪れ、二十四日に棚倉・白河・平の三方から同時に三春へ向けて軍を進発させることを決める。ただし、棚倉・白河の部隊は、三春ではなく須賀川を攻めると称して進軍する作戦であった。

また、二十日頃、大村藩参謀・渡辺清左衛門《わたなべせいざえもん》の使者が平から三春に到着し、三春藩は列藩同盟に加盟しているが、未だに官軍に対して発砲しておらず、救済可能なので、総攻撃までに態度を決めるよう求めた。そこで、三春から和田原と山地、その後、吉見も平に向かい、平に滞陣する秋田家の姻戚である大村藩、鳥取

断金隊長美正貫一郎肖像
（三春町歴史民俗資料館蔵）

藩と連携した。さらに二十一日には、河野の弟・広中らも棚倉の土佐陣営を訪れ、断金隊に入隊し、広胖は藩論を固めるために三春に帰った。

新政府軍の進攻と三春藩の恭順

七月二十四日朝、棚倉から須賀川へ向かうと称して、先鋒に彦根・館林藩、中軍に薩摩・長州・大垣・土佐藩、後軍を忍・館林・黒羽藩とする新政府軍が進発し、石川まで進むが、町が狭いため彦根藩は釜子へ移った。そして、白河の薩摩藩は小田川まで進んだ後、白河へ戻り、平の岡山・柳川・大村・佐土原藩は中寺、合戸へと進軍した。二十五日には、棚倉隊は蓬田まで進むが、さらに宿が狭いため、薩摩・彦根・館林藩は田母神に宿陣し、平隊は上三坂に宿陣した。

これに対して三春城下に集まった同盟軍は、二十六日朝までに平隊を迎え撃つため、仁井町等へ進発した。同盟軍がいなくなった三春城下では、棚倉からの新政府軍が迫ったため朝九時頃、太鼓や鐘を三回続けて早打ちする三ツ重ねが鳴り渡った。そこで、藩主一家はまず城下北東の熊耳村にある元秋田十郎右衛門下屋敷へ引き移り、一〇時頃、秋田主税が城下の南に接する貝山村まで進んだ土佐陣営を訪ね、板垣に藩主万之助の恭順歎願書を提出した。この時、三春藩からの連絡が遅いため、攻撃準備が進められたが、美正貫一郎がそれを止めたといわれている。歎願書が受け取られると、藩主一家は三春へ戻り、亀井の宝来寺で小休止してから御殿に入るとすでに十四歳以上の藩士全員が御殿に詰めていた。昼食後、万之助は高乾院、ほかの一族は宝来寺へ立ち退いて謹慎し、さらに仁井町へ出撃した部隊も謹慎した。そして、夕方までに棚倉からの部隊は三春城下に入り、城は彦根藩に引き渡された。平の部隊は、仁井町で同盟軍と交戦し、その後、薩摩藩は上大越、岡山・柳川藩などは柳橋に宿陣し、翌二十七日に三春に入った。

なお、三春藩の降伏に際して、仙台藩への使者・不破関蔵《ふわせきぞう》と同行した渡辺喜左《わたなべきざ》衛門《えもん》、大山巳三郎《おおやまみさぶろう》が、二十七日に二本松で捕らわれて翌日虐殺され、不破らに三春藩の帰順を知らせに二本松に入った農兵・橋本周次も殺害された。また、福島にいた大関兵吾《おおぜきへいご》も仙台藩兵に惨殺され、仙台にいた琴田半兵衛《ことだはんべえ》・畑静馬《はたしずま》は投獄された後に解放された。

③

再び新政府軍として

新政府軍に恭順した三春藩は、各藩の賄いや人足、馬、一部の兵員を提供し、二本松落城後は、二本松藩領などの警衛にあたった。その後、藩主万之助が御誓文に誓約することで、新政府の一員となった。

混乱する占領下の三春とその周辺

七月二十七日、秋田主税と荒木国之助、小野寺舎人ら重臣が板垣参謀の本営に呼び出され、降伏嘆願は承知したので、正式な沙汰があるまで、城地と武器と一小隊を差し出すよう命じられる。重臣たちは、役所や財産を差し上げ、重臣全員の謹慎を願い出るが、それには及ばず、従来通りの執政を板垣から命じられた。

前日、三春に入った新政府軍のうち、薩摩・土佐隊の一部が、その日の内に二本松領内に入り、二十七日朝には二本松藩の松沢番所、糠沢上ノ内《ぬかざわかみのうち》番所、塩崎役所、堺番所、さらに二本松兵が集結した糠沢村庄屋登那木《となき》屋敷を急襲した。この日、土佐藩の先鋒は、断金隊が勤めていた。これは、三春攻めで隊長の美正貫一郎がなかなか攻撃をしなかったのは、美正が武士の子ではなく医者の家からの養子で、意気地なしだからだという噂がたったため、その悪評を晴らそうと美正が志願したことによるという。そして、本宮を前にした高木村の阿武隈川渡船場では、新政府軍の進軍を止めるために同盟側が船を撤収していたため、泳いで川を渡ることになった。しかし、武勇を示そうと先頭を進んだ美正は、川の中ほどで銃撃を受けて川に流され、遺体も見つからないまま戦死となった。そして、川を渡った部隊は、この日のうちに本宮を制圧したほか、元々新政府よりであった守山藩も、三春の新政府軍に使者を送って恭順した。

二十八日になると、新政府軍参謀局から万之助宛に、藩を挙げての城内外の警衛が命じられ、早速、主税たちは警衛隊を差配した。また、会計局から、新政府軍の兵食と人馬継立賄方を命じられ、諸藩進撃の嚮導や使者、領外近隣への斥候、人足や馬の供出などを勤めた。そして、中畑や須賀川に集結した会津・仙台兵が、朝七時頃、本宮に襲来して戦闘となった。仙台兵は、ここを切り抜けて国許へ帰る決意での攻撃のため、新政府軍は苦戦したが、土佐・彦根・館林藩などが奮戦し、高倉宿まで追討した。三春隊はこの日初めて錦《きん》旗《き》御《ご》印章《いんしょう》（官軍を証明する袖に付けた錦裂と官軍の印が押された袖印）を着けたことで奮闘し、戦後は二本松進撃と高木村渡船場警衛の二隊に分かれ、二本松城も落城した。

新政府軍が三春に入った後、「賊徒」（会津藩兵とは限らない）が郡山、須賀川方面の宿場や集落に出没し、博徒兇民を鼓動してあちこちで乱妨・掠奪・放火など

河野広中の袖印
（右は断金隊、左は三春藩隊
三春町歴史民俗資料館蔵）

があったという。このため、三春藩は八月五日に、領内は薄毛の地が多く、兵力も資金等貯えがなく、勤王の道を立てて新政府に奉公したいが、近隣に散在する賊徒が乱入し防禦できないのは心痛至極であるので、まずは領民と領地を幾重にも守ってほしいと参謀局へ嘆願した。参謀局は大村藩に賊徒追討を命じ、郡山へ半隊を繰り出し、襲来した賊徒を追い払った。すると郡山の町兵たちも勢いに乗って賊徒を追討したので、大村勢はその晩、阿武隈川を隔て一里ほどの阿久津に一泊した。しかし、翌六日の黎明、賊徒が郡山、須賀川、笹川などあちこちで放火、掠奪し、町家の多くが焼失した。そこで、再び大村勢が駆け付け、賊徒を追い払って、三春に帰陣した。この前後、時期は不確かだが三春の町人の回顧録でも、会津勢が郡山、本宮、須賀川などを襲撃し、三春に攻め寄せるとの噂で町中が混乱したが、大村藩の参謀・渡辺清左衛門を中心に、三春藩士、町役人が一体となって三春を守衛した話が残っている。

また、本来の領地である筑後《ちくご》三池《みいけ》から遠く離れた伊達郡に本拠地を持つ下手渡《しもてど》藩は、藩主立花種恭《たちばなたねゆき》が京都で新政府方として活動したのに対して、国許の家老が三春藩と同様に白石でやむを得ず列藩同盟に加入したため、微妙な立場に置かれていた。近隣には福島藩や棚倉領が点在し、仙台藩の襲撃を畏れた下手渡藩では、三春にいた渡辺清左衛門に援軍を願い出た。これに対して渡辺は、新政府軍もあちこちに出払って対応できないので、陣屋の幼老婦女子を三春に移すように伝えると、八月七日までに残らず三春に移った。その後、下手渡藩が新政府方であることが同盟側に発覚すると、十四日に仙台藩が下手渡領内に進攻し、十六日に陣屋と町を焼かれるが、十七日には同族である柳川藩立花家や徳島藩が救援に駆け付け、二十五日に仙台藩が撤退した。

本領安堵と秩序の回復

八月六日に三春藩は、薩摩藩の兵食と軍夫差配を命じられ、その後も薩摩・佐土原藩の兵食等を担当する。そして、明治天皇の行幸計画により江戸から改称した東京で、七日に大総督府応接方から大名小路の鳥取藩邸内に設けられた本営に留守居が呼び出され、藩主万之助に至急出府するよう命じられる。しかし、これが難しいことを理解してもらえたのか、十日付で白河口総督の鷲尾《わしお》隆聚《たかつむ》侍従《じじゅう》から重役を本営に出頭させるよう命じられた。そこで、十三日に細川次郎大夫が白河に出頭すると、秋田万之助宛に本領安堵の沙汰を受け、その謹慎も解かれた。

また、十三日の夜中、本宮宿が混乱していたため、高木村の番所から三春藩の兵を出すと、賊徒との戦闘となった。そして、本宮宿が放火され、一旦は高木の番所へ迫ったが、翌朝までに賊徒は玉ノ井、熱海辺りへ逃亡した。その後、白河から長州の一大隊が本宮に入って落ち着いたので、十八日に三春隊は撤収した。

八月二十日になると、徳島藩の部隊に護られて鷲尾総督が三春の御殿に入り、白河口総督府が三春に移った。万之助は御花畑に仮住居して、その賄を仰せつかったほか、龍穏院に病院が設けられ、その賄も担当した。さらにこの頃、二本松藩領東部の糠沢組、小浜組、針道組の取締り、さらに二本松の軍夫役所の管理を命じられ、安達・伊達郡の村々から人馬を徴集し、新政府軍の継立の任にあたった。こうした状況なので、東京の東征大総督に対して二十五日付で、白河口総督が在城している現況での出府はどうしたものかと問い合わせ、九月十二日に吉見連蔵が大総督府へ提出すると、当面の出府は無用という回答を得た。

そして、八月二十六日には、須賀川から正親町公董《おおぎまちきんただ》中将が三春に入り、鷲尾総督から白河口総督府の引き渡しを受け、鷲尾は二十八日に三春を発して帰京した。なお、京都でも二十九日に秋田廣記が弁事役所に呼び出され、三春藩に本領安堵し、京詰め家臣も平常通りとする行政官沙汰書を、千種中将から拝受した。

新政府の一員として

白河口総督となった正親町中将は、九月十日に領内の取締りを万全にするよう命じて三春を発つと、二本松、会津、福島に宿陣し、十月十八日に福島を出立し帰京の途に就いた。三春藩は白河まで正親町の賄を勤め、任務としては御免となったが、細川次郎大夫らは東京まで見送り同行しており、こうした場でも細川京兆家の末裔という由緒が活かされた結果と推測される。

九月十四日に中山口からの会津進撃が始まり、三春藩も輜重《しちょう》警衛に出陣し、十六日には兵隊五十人の一小隊と大砲三門の大砲隊が出張した。しかし、若松到着は会津藩が降伏した二十二日だったため、戦闘はなく若松に滞陣した。二十五日に妙国寺《みょうこくじ》の番を命じられ、寺で謹慎している松平容保《まつだいらかたもり》・喜徳《のぶのり》父子や家族、従属する兵卒、女官ら百八人の賄を担当する。その後、若松滞陣の各員に新政府から毛布を下賜され、十月十日に妙国寺警衛が御免となると三春へ撤収した。この出兵では三春藩に被害はなかったが、これ以前に会津へ侵攻した薩摩藩が領内の農民らを人足（夫卒）として従軍させており、八月二十三日に薩摩四番隊金穀方所属の夫卒二人が即死し、翌二十四日には薩摩十二番隊所属の夫卒八人が死亡した。さらに三十日には薩摩藩に同行した藩士の園部《そのべ》終朔《しゅうさく》が若松城下の戦闘で討死している。このほかにも詳細はわからないが、三春領内から駆り出された数人の夫卒が、会津で亡くなっているようである。

九月十五日には、五千石秋田家領七カ村の取締りも本藩に命じられるとともに、九月後半には安達郡東部に加え、西部の本宮組、玉ノ井組、杉田組、渋川組、信夫郡八丁目組のほか、伊達郡川俣周辺などの取締りも命じられた。さらに九月末には二本松城下の取締りも担当することになり、十月六日に町奉行の赤松則茂《あかまつのりしげ》が二本松に着任した。また、九月末から十月初めにかけて、新政府の各隊が福島へ移動し、連日、人馬の調達に奔走するほか、徳島藩が警衛していた川俣陣屋を十月八日に三春藩が引き継いだ。

そして、九月二十日に明治天皇が京都を発ち、十月十三日に東京に入った。これに伴い各藩は公議人・公用人を東京へ差し出すよう命じられるが、三春藩は人材の余裕がないため、京都にいた秋田廣記を東京に移すことで許可された。そこで、廣記は九月二十四日に京を発ち、天皇より早い十月九日に東京に着いた。この明治天皇の東京行幸に際して、各大名が東京に集められ、藩主万之助へも出府要請があったが、急で間に合わないとして吉見連蔵が参観の免除を大総督府へ願い出ると、隣境を鎮定したうえで参観するよう許可を得た。新政府はこのほか、愛宕下の屋敷を召し上げ、秋田家には麻布百姓町の湯長谷《ゆながや》藩内藤邸に屋敷を建設するよう命じるが、これも内藤邸の工事が間に合わないとして愛宕下屋敷の召し上げ猶予を願い出て、許可された。このように急速に進む社会の変動に、三春藩が追い付けないだけではなく、新政府も計画が立てられず、場当たり的な命令が多数発せられたようである。

新政府軍の撤収と秩序の回復

十月半ば以降は新政府軍の凱旋が始まり、十八日には大村藩の渡辺清左衛門が再度三春に入って、翌日、帰京の途に就くと、二十六日以降は会計局や病院も三春を引き払い始める。十九日には二本松城下の大壇口《おおだんくち》番所を高松藩から引き渡され、十一月二十一日まで番を勤めた。また、十月二十九日には仙台が安定し相馬兵が川俣に到着したため、相馬藩に引き渡しをして十一月四日に川俣を引き払った。そして十月二十一日、三春藩本領安堵の祝儀が御殿書院で催され、家中に吸物、酒、赤飯を下し、労をねぎらったうえで、暮らしの引き締めを命じた。さらに十一月十四・十五日にも祝儀があり、家中一統へ吸物、酒等が下された。

また、十月二十八日に再度藩主に東京への上京命令があり、ようやく万之助も十一月一日に三春を出立し、十八日に初めて参内、本領安堵の礼をしている。新政府の基本方針を明治天皇が天地神明に誓約した五箇条の誓文は、三月十四日に京都御所の紫宸殿《ししんでん》で誓文・勅語を読み上げた後、公卿や諸侯が奉答書に署名をしたが、当日参内できなかった大名らは順次誓約していた。秋田万之助は、十二月三日に再度召し出され、誓文を誓約、奉答書に署名すると、従五位下信濃守に任じられ、帰国が許された。これによって三春藩は、晴れて明治政府の一員として認められたことになる。そして、天皇が短い滞在を終えて十二月七日に東京を発ったのを見送ると、万之助も十一日に発ち、十八日に三春に到着し、二十一日に改めて秋田信濃守映季として本城に登った。

十一月下旬には、仙台に駐留していた新政府軍が東京に向けて撤収を始めたため、二十一・二十二日は二本松周辺から大量の人馬を供出し、二十三日にも早い段階で同盟を脱退し、新政府軍として戦った秋田藩佐竹家、新庄藩戸沢家の通行が続いた。そして、二十七日からは新政府軍の管理下で、三春藩が委任されていた人馬継立を、従来通り各宿場の問屋に戻した。さらに、新政府軍各藩に人馬を供出して賃金等を受け取っていない村があれば支払いをするので、帳簿にまとめて提出するよう会計局から村々へ達している。

そして、年末から年明けにかけて、次第に二本松城下をはじめ旧二本松領の取締りを完了し、藩士たちが三春に帰ってくる。二本松の取締りにあたった赤松則茂や中村匡は、二本松藩主・丹羽《にわ》長裕《ながひろ》から在職中に二回ずつ銀五枚を拝領したほかに、年末で帰った赤松は銀二枚、翌年五月に最後に引き払った中村は石黒派の三所物《みところもの》と料理代一〇両を礼として賜った。なお、詳細は不明だが、広大な陸奥国が五カ国に分割された十二月には、三春藩は磐城《いわき》国内の菊田《きくた》・岩城・楢葉《ならは》の三郡で、四万三千二百二十九石二合八夕の取締りを命じられている。このほか、旧会津藩領の湖南地区などの取締りに出張した藩士の記録も残されている。また、東京で三春藩の公用人となった湊宗左衛門は十二月二十日に、戊辰戦争に関する三春藩の経過を東京弁事役所へ提出した。

秋田映季肖像写真（三春町歴史民俗資料館蔵）

版籍奉還から廃藩置県へ

年が明けて一月二十日、薩摩、長州、土佐、肥前の四藩主が新政府に版籍奉還を上表すると、その後も多くの藩が続いた。このため、二月三十日に東京から公用人の松井正左衛門が三春に帰り、三月三日、御殿での会議で三春藩の版籍奉還が決定する。そして、三十日に映季が上京し、四月二十二日に版籍奉還を上表すると、五月十五日に版籍奉還の沙汰書を受け、十六日には秋田主税も上京した。二十二日には天皇による政治の復活、蝦夷地開拓について映季が下問を受けたため、二十五日付で天皇の政治については皇国の大事であるので幼少のため意見することはできず、開拓教導施設は必要であると回答した。するとさらに同日、藩知事になること、外国との交際について下問があり、二十八日付で藩知事については朝裁に従い、外国交際は急務である旨を回答した。

こうしたやり取りを経て、六月十七日に版籍奉還が勅許され、諸侯は華族となった。十九日には映季が三春藩知事に任じられ、二十七日に三春で藩知事就任の祝儀があった。さらに二十五日に新政府から各藩知事に、領内の石高、一年間の藩費、職制、藩士兵卒の数及び禄、社寺等の禄・人員について、十月までに調べて報告するよう命じられるとともに、現在の石高の十分の一を家禄とする達を受ける。そして、映季は七月四日に参内して盃を頂戴した後、東京を発って二十六日に三春に下着した。すると、三春にいた前藩主夫人の濃秀院が、八月十日にお忍びで東京へ発ち、その後は東京で暮らした。なお、高齢の前々藩主夫人の清泰院は三春に残り、明治四年（一八七一）七月に八十六歳で亡くなった。

その後、何度か藩政改革を行い、成長した映季は、明治三年十月に初めて領内の村々を巡見するが、翌四年七月十四日に廃藩置県の詔が発せられ、映季は藩知事を免じられた。そんな中でこの月の二十五日から二十七日にかけて、戊辰戦争で三春を救った美正貫一郎をはじめとする英霊たちを弔う維新英霊招魂慶祝祭が開催され、江戸街道の並松坂外に美正神社が整備された。また、八月十八日には一般の人々にも三春城追手門の通行が開放され、城地へも入れるようになった。

二十三日に文校《ぶんこう》（旧藩講所）に士族一同が召し出された。映季出座の元で、家令秋田傳内《でんない》（白石会議に出席した大浦帯刀が改名）が藩知事最後の言葉を読み上げ、廃藩置県、知事免官と九月には上京することを伝え、各位に酒を下した。家臣たちは餞別を献上し、藩からは二十四日に領民一軒に一朱ずつを下賜し、さらに二十三日から二十五日にかけて、士族一統へ酒と映季の書「敦澤（たいたく　永年の奉公に対する礼として、厚い恵みを与えるという意味か）」が下賜された。そして、映季は九月十一日に秋田傳内、渡會外記《わたらいげき》、仁平正《にへいただし》と三春を出立し、十七日に東京に着き、二十日に朝廷に出仕した。これにより、秋田家三春藩の歴史は終わった。

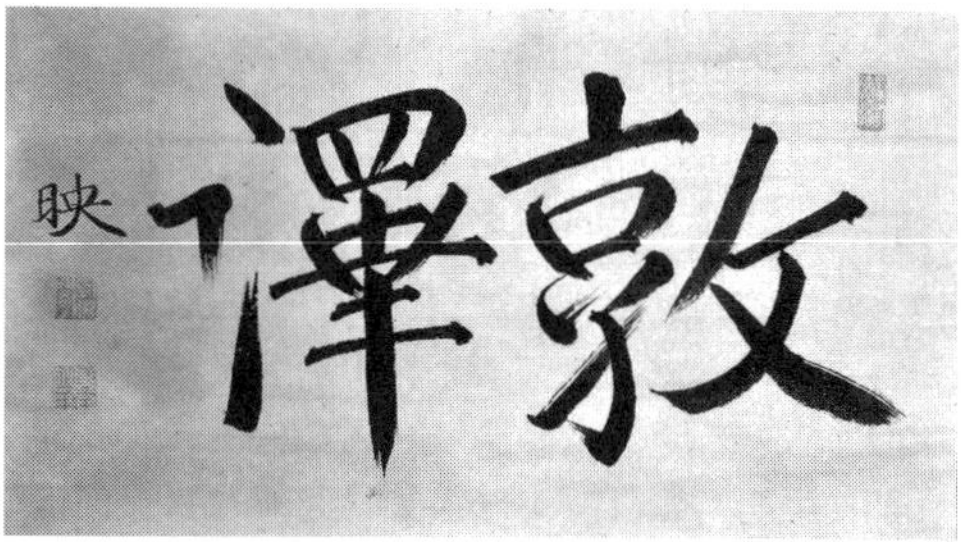

秋田映季が下賜した書「敦澤」（三春町歴史民俗資料館蔵）

これも三春

反魂丹と萬金丹

「越中富山の薬売り」の逸話のひとつに、江戸城中で腹痛に苦しむ大名に、富山藩主の前田正甫が、所持していた富山の薬・反《はん》魂丹《ごんたん》を与えるとたちどころに治ったことから、居合わせた諸大名がこの薬を求めることになったという「江戸城中腹痛事件」がある。富山市では有名な話で、多くの売薬の解説書に記載されるばかりか、製薬会社の資料館には人形を使った模型まで展示されている。

秋田氏の処方によることが明記された萬金丹の包み紙（福岡県・宇美町立歴史民俗資料館蔵）

　この腹痛を起こした大名こそ、秋田輝季とされている。元禄三年（一六九〇）十二月十五日の出来事とされ、確かに輝季は参勤中であるが、このような話は不名誉なことだからか、三春や秋田家には全く伝わっていない。また、富山でも江戸時代の記録では、具体的な大名の名前は記録されておらず、年代も一定ではないようである。それが明治以降、次第に整理され、現在のリアルな話に仕上がったようである。そこで不思議なのが、なぜ全国的にあまり知られていない秋田輝季が、この不幸な大名に選ばれたかである。

　江戸時代の腹痛などに効く万能薬として、置き薬として普及した富山の反魂丹とともに、伊勢参りの土産として広まった伊勢の萬金丹《まんきんたん》が有名であった。「越中富山の反魂丹　鼻くそ丸めて萬金丹　それをのむ奴ぁあんぽんたん」と子どもたちに歌われたという。この萬金丹は、伊勢に製造・販売元が数軒あり、そのひとつに中倉家がある。中倉家の萬金丹は、朝熊の永松寺に蟄居していた秋田実季と懇意になった中倉義之が、実季からその製法を伝授されたという。そのため、「秋田教方萬金丹」あるいは永松寺の山号岩城山から「岩城萬金丹」の名で広く販売された。これらに関しては正確な資料はなく、伊勢での伝承であるが、実季は秘伝の製法を、自身の先祖とする陰陽師の安倍清明以来、代々相伝され、これが自分の代で途絶えるのは惜しいので、中倉義之に伝えたとされる。

　このため、三春に転封した俊季以降の秋田家当主には萬金丹の製法は伝わっていない。しかし、富山の売薬にとっては、実季の子孫である秋田家の当主は、当然、萬金丹を所持し服用しているものと仮定し、萬金丹でも治らない腹痛を反魂丹は治したということをアピールする目的で、腹痛を起こした大名に秋田輝季が選ばれた可能性が考えられる。

　このように、秋田実季という一風変わった大名は、その子孫を伝説の主人公にするほどの影響力をもっていたことがわかる逸話である。

これも三春

河野広中と戊辰戦争

明治時代に自由民権運動を主導した河野広中は、戊辰戦争で板垣退助と出会い、三春藩の無血開城に貢献したという。

広中は、嘉永二年（一八四九）に三春城下の郷士・河野広可の三男・大吉として生まれた。河野家は伊予の越智氏の一族で、加藤嘉明の会津転封に従ったが、寛永二十年（一六四三）に加藤家が改易されると、三春城下東の春山村に移って春山と称したという。それから九代目となる広重が、城下大町で呉服商や酒造業、魚問屋などを営み、藩への献金により武士格の郷士に取り立てられ、姓を河野に復した。

しかし、広重の養子・広可が散財し、大吉が生まれる頃には家は傾き、大吉が七歳の時に広可が没して、長兄の広胖が継いだ。

大吉は、通俗三国志や太閤記を愛読し、勝ち気で喧嘩っ早く、荒町の大工に里子に出されたが、光善寺の寺子屋を破門され、二本松の商家に見習いに出されると二年余りで逃げ帰るという有様だった。

実家に戻った大吉は、近所の修験・来光院の住持で儒学者の川前紫渓に師事した。学問に広く通じた紫渓は、大吉に「広中」の名と、尊王思想の元で二五箇条からなる実学の書『神風当節録』を与えた。

元治元年（一八六四）、水戸藩で改革派の天狗党が守旧派の諸生党に藩を追われると、その残党が支藩である守山周辺に逃れ、広中の姉・シゲが嫁いだ三春の舟田家に、野口友太郎と西丸帯刀兄弟が潜伏した。広胖と広中たちは野口らと交流し、尊王思想に深く傾倒した。そして、野口らが水戸へ帰ると、広中は同志の久貝破門と水戸へ応援に行くことになるが、研師に出していた刀の仕上がりを待った広中は、出発が一日遅れた。久貝は天狗党に合流し、劣勢のまま関宿で諸生党に退路を断たれ、十一月四日、同志と自刃した。出遅れた広中は、途中で引き返したため難を逃れた。

慶応四年（一八六八）、戊辰戦争が始まると、当初新政府方として会津攻撃に進軍した仙台藩の使者・男沢陣平と川前紫渓を通じて交わった。広中は「天無二日　地無二王　河野広中王臣也」と記した陣羽織を仕立てたほか、詳細は不明だが、田母野秀顕らと真田流秘法の紙製銃器製造法により、大砲二門と小銃五〇丁を準備したという。

しかし、仙台藩が佐幕に一変すると、男沢らは投獄され、三春は藩論が定まらない中、表向きは列藩同盟として行動する。広中ら尊王派は、幼い藩主・万之助や、三春に一泊した輪王寺宮を紙製銃器で奪い、新政府軍に引き渡す計画を立てるが、躊躇して決行には至らなかった。

藩論が決まらないことに業を煮やした尊王派郷士らは、棚倉を堕とした新政府軍に訴えることにした。七月六日、河野広胖と影山東吾、舟田次郎左衛門ら数人が、西白河郡釜子で長州の陣に投降したが相手にされず、薩摩、さらに棚倉の土佐陣へ移された。そこで参謀の板垣退助に嘆願書を渡し、恭順の意を表して派兵を請うが、板垣は藩を代表できる重臣が来て誠意を示すよう求めた。そこで、広胖ら三人は、帰順した他藩士らからなる断金隊へ入隊し、地理嚮導を命じられた。そして、十二日に広胖らは三春へ帰って重臣の秋田主計らを連れ出し、十六日に棚倉の土佐陣で断金隊長・美正貫一郎と会見した。この日、浅川で三春藩の消極的戦術もあって同盟側が敗れ、すでに平城も攻略したことから、三春への進発が二十四日に決まり、棚倉・白河・平の三方向から一斉進軍となった。

広中は、新政府軍の三春攻撃を止めるため、二十日に領内牧野村の同志・猪狩治良右衛門を訪ね、猪狩が平、広中が棚倉の新政府陣へ向かい、翌日、棚倉の美正の陣営に入った。先に来ていた秋田主計や広胖らは、藩論をまとめるため三春へ帰り、広中も断金隊に入って、板垣とも対面した。

戊辰戦争当時の河野広中肖像
（三春町歴史民俗資料館蔵）

新政府軍は予定通り七月二十四日に進発し、棚倉隊は翌日には蓬田で三春藩の出迎えを待ったが、三春の藩論は定まらず、逆に小野への出兵が露見したため、板垣ら勧めで、広中も三春へ戻った。そして、二十六日、貝山村で兵を休めていた土佐陣を藩主後見の秋田主税らが訪ね、恭順の意を表して無血開城となった。

翌日、広中は二本松への進軍に断金隊員として従うが、阿武隈川渡河中に隊長の美正が戦死し、その後は三春隊の一員として、会津攻めに従軍した。戦後、広中は美正神社の建立に尽力し、高知へ行った際は美正の実家を訪ねた。そこで分けてもらった美正の写真を元に肖像画を製作し、田村郡内の小学校に配布し、その供養に勤めた。

維新後、広中は自由民権思想に目覚め、東京、大阪、高知など各地を精力的に巡り、自由民権運動の全国的な動きと地元の動きを連動させ、福島をその先進地とした。その結果、県令の三島通庸と対立し、明治十五年（一八八二）の喜多方事件を契機に逮捕、投獄された。その後、同二十二年に憲法発布に伴う特赦で出獄すると、翌年の第一回総選挙で衆議院議員となり、大正十二年（一九二三）十二月に没するまで一四回連続で当選した。この間、板垣退助や片岡健吉、後藤象二郎など土佐出身の政治家と親しく交わり、自由党をはじめ、多くの党や会派の領袖としてその設立や解散に関わり、衆議院議長や農商務大臣などを歴任した。また、日露戦争の講和に反対し、日比谷焼打事件を煽動したとして逮捕されたほか、晩年は普通選挙運動に打ち込むなど、終始、自由と国民の権利、そして尊王を貫いた人生であった。

このように、東北の小藩で郷士出身の河野広中が、近代の政界中枢を長期間渡り歩くことができたのは、戊辰戦争で受けた斬新な経験によるものと推測される。

エピローグ

「三春狐」の歴史観

三春は小藩だが、戦国時代から続いた城下町で、地域の拠点として歴史と文化が豊かな町である。それにもかかわらず、地元の歴史を学ぶ郷土史研究会や、藩士会のような団体もなく、桜は別として、歴史や文化が観光資源として十分活用されていないのが現状である。そして、概ね八十歳以上の方に三春の歴史の話を伺おうとすると、「三春は貧乏で何もなかった」などと口を濁し、三春の歴史を誇りとする人は、特に男性に少ないと感じられる。そして、その世代から歴史を学んだ私たちも、似たような歴史観が植え付けられている。

このような歴史観が生じた原因は、「三春狐」と呼ばれる戊辰戦争での「裏切り」によるもので、特に昭和前期の皇国史観や全体主義思想の中で、強く形成されたものと私は考えている。

三春城本丸跡の北東の奥に、「明治戊辰役三春藩烈士碑」と刻まれた石碑が立っている。これは戊辰戦争から七十年となる昭和十二年（一九三七）に、旧三春藩出身将佐官会という軍人の団体が、戊辰戦争の犠牲者を供養するとともに当時の三春藩を顕彰するために建立したものである。その時の趣意書には、以下のようなことが記されている。

戊辰戦争当時の実情は、とかく歪曲され、正確な記録もなく、古老も亡くなり、真相は捕えがたい。本当に三春藩は、戦火や流血を恐れ、列藩の間で形勢を窺いながら、いわゆる「三春狐」として獣のような根性で優柔不断にうまい言葉で他藩を騙したのだろうか。我々の考察では、勤王精神に終始一貫したが、大義を保つための紆余曲折もあった。しかし、幼い藩主を後見して藩政を統括した秋田静臥《せいが》（主税《ちから》季春《すえはる》）へ従四位が贈られたことや、三春藩の降伏に際して二本松や福島で惨殺された四藩士の犠牲受難が勤王の証拠である。それにもかかわらず、七十年間無関心で事実の究明や顕彰をしなかったのは、他を憚って自らを卑下することで足りると思ったのか、無意識、無神経を懺悔したい。

当時、「会津イノシシ　仙台ムジナ　三春キツネに騙された　二本松まるで料簡違い棒（丹羽家の家紋）　会津・桑名の腰抜け侍　二羽（丹羽）のウサギがぴょんと跳ね　三春キツネに騙された（略）」という歌が庶民の間で流行した。この歌は三春藩の去就をを咎めるというよりは、戦争の結果、悲惨な状況に陥った武士階級全体を皮肉ったものだろう。

当初、新政府に早々に加担した三春藩への評価は良かったはずである。しかし、明治後期以降、「白虎隊」の事跡を中心とした会津藩の動向、さらに大正になると「二本松少年隊」の悲劇と二本松藩のほぼ「玉砕」という「武士道」にかなった行動を称賛する傾向が強まった。それと相まって、悲劇の原因を三春藩の裏切りとする声が高まり、結果として戦わなかった三春藩は批判の対象となった。この背景には、江戸時代には一部の特権階級だけの規範であった武士の道を尊ぶ範囲が、徴兵制の施行によってすべての日本国民に拡大され、大和魂を持つ日本男児は、国に身命を捧げることをもって、男子の本懐を遂げることができるという思想が広まった（あるいは、そう信じることで戦地に赴くことができた）。このため、戦いを避けるなどはもってのほかで、当時の全体主義社会の中で、この風潮に抗することは不可能であった。そして、「観光史学」とも呼ばれる会津史観の形成により、現在までこの傾向が続いている。

趣意書にあるように、昭和初期の段階でも三春藩の戊辰戦争史の究明が求められたが、すでに記録も記憶も乏しく、難しい状況であった。そして、建碑事業を、将佐官会だけではなく、町村長を中心に、小学校長や在郷軍人会長、青年団長らを加えた組織へ拡大して大きな顕彰事業にしようと企てた人もいたが失敗し、理由は不明だが旧藩主家当主の顧問就任や揮毫、除幕式出席まで断られた。その結果、三春の人々は口を閉ざすようになったのであろう。

江戸時代後期の三春藩は、度重なる不作や大火により財政が困窮し、ささやかな収入に頼る領民は断続的に疲弊していた。そんな中での戦争は、武士が死傷するだけではなく、領内の土地や産業が荒廃し、領民の負担が増えるばかりで何の利を得ることもないことは、周辺諸藩も承知していただろう。それでも戦った藩は、武士の誇りを重んじた藩であり、三春の武士にはそうした気概はすでに失われ、現在の暮らしを守る方策を必死で探ったのだろう。第一章の冒頭で戦いが嫌いで人形を愛でる殿さまの寓話を紹介したが、まんざら作り話でもないないように思われてしまう。大坂の陣以来二百年以上実戦を経験したことのない武士にとって、突如沸き起こった戊辰戦争とはどんなものだったのだろうか。本来、戦うことを生業とした武士が、戦わない選択をするのは、武士であることを放棄したとも言え、とても勇気のいる決断だと思われ、現代の感覚では、ある種賢明であったと思う人も少なくはないようだ。当時の三春にはこのような考え方ができる下地があったため、明治維新後、特に政府の弾圧を受けたわけでもないのに、自由民権運動の一大拠点になることができたのかもしれない。しかし、昭和前期に戦時総動員体制となると、他を憚って自らを卑下する歴史観が形成され、それが現在まで続いていると考えられる。

本書の執筆に際し、現代の三春に植え付けられた三春の歴史観の形成過程を地元の方々に知っていただき、そのうえで、自分たちが暮らす地域の歴史・文化に興味を抱き、少しでも誇りに思っていただければと考え、この章を記した。そして、こうした歴史観を抱える三春について、周囲の方々にも理解していただければ幸いである。

あとがき

平成五年に三春町に就職して、もう三十年になろうとしている。それまでバブル期の東京で学生生活を八年間送り、大名や旗本屋敷などの発掘に携わってきた。帰る気はなかったが、ひょんなことから郷里の三春町に誘われて就職し、最初の十年くらいは公共施設整備に伴う城下町を中心とした発掘調査に明け暮れ、余裕のある時に歴史民俗資料館の企画展などを担当する感じだった。その後、発掘調査も減り、仕事の主体が歴史民俗資料館の業務に移った。この資料館は、私が高校生の時に開館したので、一緒に年を重ねている感じで、ほかにも古い建築物を再利用している郷土人形館や文化伝承館といった分館もあり、古い施設をなだめながら維持管理し、そこで展示や講座、資料整理等を行っている。ほかに滝桜をはじめとした文化財保護も担当し、観光の手伝いなどもあり、仕事の量は少なくない。そろそろ定年も迫ってきているが、何か後に残る仕事ができたかたというと、全く自信がない。

この資料館には、歴史、民俗、考古や人形類、そのほか大量の資料が収蔵されている。残念ながら、一般の方がどうしても見に行きたいと思う資料は多くないが、三春の歴史や文化を語るうえでは欠かせない資料が、収蔵庫からあふれんばかりの状態で所蔵され、この規模の自治体では群を抜いていると思う。以前は、桜の開花期前後に団体客を含めた来館者が集中していたが、観光の形態の変化とともに団体での利用は激減した。そんな中でも、三春城が日本城郭協会から「続・日本百名城」に選ばれ、そのスタンプや「御城印」を求める方々が、年間を通して一定数来館している。三春城の復元を求める声もあるが、予算や管理の問題もあるため、まずは昨年度、城のＶＲ（仮想現実）を制作すると、体験した方からは好評を得ている。

しかし、エピローグで述べたように、地元の方々は三春の歴史への関心が低いのが実状である。今回、この本の執筆の話をお受けしたのは、全国の方々に三春藩を知ってもらうとともに、三春の方々が地元の歴史・文化に興味を持っていただき、それに自信や誇りを持っていただく契機になればと思って書き始めたが、結果はどうだったろうか。

夜中や休日の執筆はなかなか進まず、依頼を受けてから三年かかってしまった。編集担当の加唐亜紀さんや、現代書館の菊地泰博社長をはじめとする皆さんにご迷惑をおかけしたかと思う。この間に、同居する親も一人欠け、仕事にかまけて家の事を任せっぱなしの妻には負担をかけ、この場を借りて感謝の意を表したい。

昨年が滝桜の天然記念物指定百周年で、今年は河野広中の没後百年、資料館も開館四十周年を迎える。しかし、そんなことには関係なく、新型コロナの流行により、観光や博物館等の運営は根底から変わった（と思う）。今後、どのような形に進むのかわからないが、まずは疫病が退散し、多くの人々が交流し、それを体感できる新しい社会が創生されることを祈りたい。

引用参考文献

アーネスト・サトウ『一外交官の見た明治維新（上下）』岩波文庫　岩波書店（一九六〇）

青山正『仙道田村荘史』（一九三〇）

伊東正義「天正十六年・伊達政宗の四十日」『中世の風景を読む1　蝦夷の世界と北方交易』新人物往来社（一九九五）

大内寛隆「戊辰戦争における三春藩の去就」『国史談話会雑誌』第二十二号　東北大学国史談話会（一九八一）

大河峯夫『近世城下町と庶民の生活』（二〇〇六）

大槻文彦「伊達政宗卿夫人田村氏の話」『復軒雑纂』（一九〇二）

小野寺龍太『岩瀬忠震』ミネルヴァ書房（二〇一八）

加藤木重教『重教七十年の旅』電気之友社（一九二八）

小井川百合子編『伊達政宗言行録　木村宇右衛門覚書』新人物往来社（一九九七）

河野磐州傳編纂会『河野磐州傳（上下）』（一九二三）

小林清治『奥羽仕置と豊臣政権』吉川弘文館（二〇〇三）

小林清治『奥羽仕置の構造―破城・刀狩・検地―』吉川弘文館（二〇〇三）

鈴木尚ほか『増上寺　徳川将軍墓とその遺品・遺体』東京大学出版会（一九六七）

染郷正孝『桜の来た道』信山社（二〇〇〇）

田村郡教育会『田村郡郷土史』（一九〇四）

高橋充「南奥羽の蒲生領の支城配置」『奥羽から中世を見る』吉川弘文館（二〇〇九）

野口実『伝説の将軍　藤原秀郷』吉川弘文館（二〇〇一）

平田禎文「近世三春城下における武家地の構成」『三春町歴史民俗資料館研究紀要Ⅰ』（一九九四）

平田禎文「福島県三春城下町出土の陶磁器」『貿易陶磁研究』No.一八（一九九八）

平田禎文「三春城下の歴史景観」『遺跡と景観』高志書院（二〇〇三）

平田禎文「近世初期・奥羽における蒲生氏の城」『中世城館の考古学』高志書院（二〇一四）

平田禎文「三春城」『東北の名城を歩く　南東北編』吉川弘文館（二〇一七）

三春町『三春町史　第一～十一巻』（一九七五～一九八六）

三春町歴史民俗資料館『三春真照寺』（一九九一）

三春町歴史民俗資料館『三春福聚禅寺』（一九九三）

三春町歴史民俗資料館『三春法蔵寺』（一九九四）

三春町歴史民俗資料館『三春城と城下町』（一九九八）

三春町歴史民俗資料館『三春藩主秋田氏』（二〇〇三）

三春町歴史民俗資料館『三春城と仙道の城』（二〇〇四）

三春町歴史民俗資料館『春陽の士―奥州三春秋田御家中―』（二〇〇五）

三春町歴史民俗資料館『三春の歴史』（二〇一一）

三春町歴史民俗資料館『愛姫と三春の姫君』（二〇一二）

三春町歴史民俗資料館『講所から学校へ』（二〇一三）

三春町歴史民俗資料館『三春猫騒動―お家騒動から怪談へ―』（二〇一四）

三春町歴史民俗資料館『蒲生氏の時代～暮らしの中の天下統一～』（二〇一五）

三春町歴史民俗資料館『陽徳院　愛姫』（二〇一八）

三春町歴史民俗資料館『武士の時代の終わり―三春藩から三春県へ―』（二〇一九）

盛永俊太郎・安田健編『享保元文　諸国産物帳集成　第XV巻　蝦夷・陸奥・出羽』科学書院（一九九〇）

羅森「米国使節随行清国人羅森日本日記」『幕末外交関係文書附録之一』東京帝国大学史料編纂掛（一九一三）

協力者

秋田美篤　大河峯夫　小松賢司　佐久間眞　田母野公彦　浪岡芳夫　春山登　藤井典子　湊耕一郎　渡邊日向　華正院　株式会社三春まちづくり公社　光岩寺　高乾院　光善寺　国立国会図書館　西光寺　紫雲寺　州伝寺　真照寺　瑞巌寺　太岩寺　高木神社　田村大元神社　長禄寺　天沢寺　東北大学附属図書館　羽賀寺　福島県立博物館　福聚寺　法蔵寺　法華寺　三春大神宮　三春町歴史民俗資料館　龍穏院

平田禎文（ひらた・さだふみ）
一九六七年福島県田村郡三春町生まれ。一九九三年明治大学大学院（史学）博士前期課程を修了し、三春町に勤務。
現在、三春町歴史民俗資料館館長。三春城や城下町の発掘調査報告書や、同歴史民俗資料館の図録等を執筆。

シリーズ藩《はん》物《もの》語《がたり》 **三春藩《みはるはん》**
二〇二三年二月十五日 第一版第一刷発行

著者――平田禎文
発行者――菊地泰博
発行所――株式会社 現代書館
東京都千代田区飯田橋三―二―五 郵便番号 102―0072 http://www.gendaishokan.co.jp/
電話 03―3221―1321 FAX 03―3262―5906 振替 00120―3―83725
組版――デザイン・編集室 エディット
装丁・基本デザイン――伊藤滋章（基本デザイン・中山銀士）
印刷――平河工業社（本文）東光印刷所（カバー・表紙・見返し・帯）
製本――積信堂
編集――加唐亜紀
編集協力――黒澤 務
校正協力――高梨恵一

 ISBN978-4-7684-7162-3

江戸末期の各藩

松前、**八戸**、七戸、黒石、**弘前**、**盛岡**、**一関**、**秋田**、亀田、本荘、秋田新田、仙台、松山、**新庄**、**庄内**、天童、長瀞、**山形**、上山、**米沢**、米沢新田、相馬、福島、**二本松**、**三春**、**会津**、**守山**、棚倉、平、湯長谷、泉、**村上**、黒川、三日市、**新発田**、村松、三根山、与板、**長岡**、椎谷、**高田**、糸魚川、松岡、笠間、宍戸、**水戸**、下館、結城、**古河**、下妻、府中、土浦、麻生、谷田部、牛久、大田原、黒羽、烏山、喜連川、**宇都宮・高徳**、**壬生**、吹上、**足利**、佐野、関宿、高岡、佐倉、小見川、多古、一宮、**生実**、鶴牧、久留里、大多喜、請西、飯野、佐貫、勝山、館山、岩槻、忍、岡部、**川越**、沼田、前橋、**伊勢崎**、館林、高崎、吉井、小幡、安中、七日市、飯山、須坂、**松代**、**上田**、**小諸**、岩村田、田野口、**松本**、諏訪、**高遠**、飯田、金沢、荻野山中、**小田原**、**沼津**、小島、田中、掛川、**相良**、横須賀、浜松、富山、加賀、**大聖寺**、郡上、高富、苗木、岩村、加納、大垣、高須、今尾、犬山、挙母、**岡崎**、西大平、西尾、**三河吉田**、**田原**、大垣新田、尾張、**刈谷**、西端、長島、**桑名**、神戸、菰野、亀山、津、久居、鳥羽、宮川、彦根、大溝、山上、西大路、三上、膳所、水口、丸岡、勝山、大野、**福井**、鯖江、**敦賀**、小浜、**淀**、新宮、田辺、紀州、峯山、宮津、田辺、綾部、山家、園部、亀山、福知山、柳生、柳本、芝村、郡山、小泉、櫛羅、高取、高槻、麻田、丹南、狭山、岸和田、伯太、豊岡、出石、柏原、篠山、尼崎、三田、三草、明石、小野、姫路、林田、安志、龍野、山崎、三日月、赤穂、鳥取、若桜、鹿野、**津山**、勝山、新見、岡山、庭瀬、足守、岡田、岡山新田、浅尾、松山、**鴨方**、**福山**、**広島**、広島新田、高松、丸亀、多度津、西条、小松、今治、松山、**大洲・新谷**、**伊予吉田**、**宇和島**、徳島、**土佐**、土佐新田、**松江**、広瀬、母里、浜田、津和野、岩国、徳山、長州、長府、清末、小倉、小倉新田、**福岡**、**秋月**、**久留米**、柳河、**三池**、蓮池、唐津、**佐賀**、**小城**、鹿島、大村、島原、平戸、平戸新田、**中津**、杵築、日出、**府内**、臼杵、**佐伯**、森、**岡**、熊本、熊本新田、宇土、人吉、延岡、高鍋、佐土原、飫肥、薩摩、対馬、五島（各藩名は版籍奉還時を基準とし、藩主家名ではなく、地名で統一した）

★太字は既刊

シリーズ藩物語・別巻『白河藩』（植村美洋著）

シリーズ藩物語・別冊『それぞれの戊辰戦争』（佐藤竜一著）

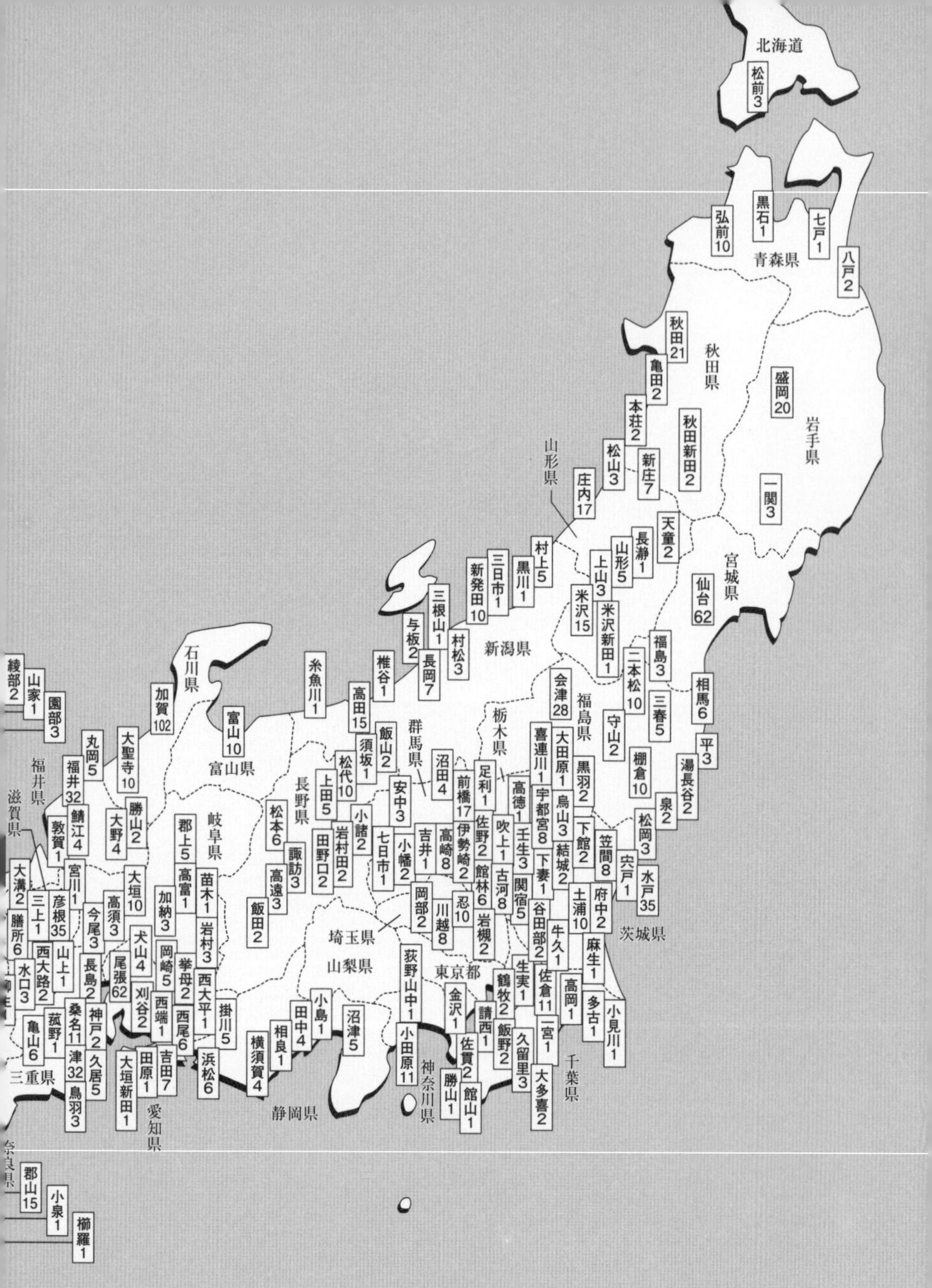

江戸末期の各藩
（数字は万石。万石以下は四捨五入）